WHY

HUMANS

HAVE

CULTURES:

Explaining Anthropology and Social Diversity

人类为什么
有文化

论人类学与社会多样性

[英]迈克尔·卡里瑟斯　著

晨枫　译

文汇出版社

前　言

　　这本书是我两个研究计划的成果。第一个计划是要写一本入门读物，以满足对人类学好奇并需要人类学的读者。这个计划旨在展示人类学有助于我们理解和处理人类社会与文化多样性。第二个计划也涉及多样性，但我希望这是对人类学和同源学科同事发出的邀请。这个计划缘于一个问题：为什么人类拥有如此多元化的文化和生活方式？这是多样性的基本问题。因此，一个计划是针对那些处于人类学门槛的读者的，另一个计划的对象则是那些处于人类学中心的人。

　　能否将两个不同的目的、不同的读者群结合起来呢？在研究过程中，我开始意识到不仅可以，而且应该结合起来。我希望这本书能显示这种结合。首先，在当今复杂的世界中，人类学的技能相对来说更贴近普通读者和实干家可以掌握的技能。要进入人类学，人们不必像数学家那样获得复杂的新的思维方式。其实人类学的一些观念现在已经与常识混在一起了。可以肯定的是，像医学一样，一些工作方法和结果虽然行之有效，但无须被广泛理解。只要有效，谁还在乎每个人是否知道是如何做到的？但是人类学很特殊，人类学是理解，是一个社会或文化对另一个社会或文化的理解。如果人类学为痼疾提供了补救措施，或至少是一个补救的开端，那么理解则是这种补救措施本身。

鸣　谢

像写书这样由作者独立完成的创造性活动其实也是社会活动，尽管只是由作者来承担指责和获得名誉。有些没有出现在参考书目中的人通过讨论、建议、提供例证或者支持对本书给予了很大的帮助，他们是：Sandra Bell、Allex Carrithers、Amy Carrithers、Rob Foley、Esther Goody、Keith Hart、Signe Howell、Desmond McNeill、Bob Layton、P. Lee、Liz Oughton、Caroline Ross、Vilas Sangave、Malcolm Smith。我还要加上 S. J. Tambiah，他的很多研究中颇有见解的反对意见促使我对一些问题做了深入思索。

我还要感谢达勒姆大学人类学系。系里对这项跨学科的工作提供了有利的环境。还有英国科学院在关键时刻批准我的研究假。

第三章和第四章的某些部分曾发表在《人类为什么有文化》（'Why Humans Have Cultures'）一文中（*Man*, 25, 1990, pp.189—206）；第五章的大部分发表在安德鲁·怀特恩（Andrew Whiten）

编辑的《自然精神理论：日常心智阅读的进化、发展与模仿》（*Natural Theories of Mind*：*Evolution*，*Development and Simulation of Everyday Mind-reading*）（Oxford：Basil Blackwell，1991） 中《叙述性：心智阅读与创造社会》（'Narrativity：Mind-reading and Making Society'）一章里。第八章大部分发表在《人类学是艺术还是科学？》（'Is Anthropology Art or Science？'）一文中（*Current Anthropology*，31，1990，pp. 263—282）。

我还要感谢牛津大学出版社的编辑凯瑟琳·克拉克（Catherine Clarke），在她的鼓励下这本书得以在我有生之年问世并让我注意到林肯·佩里（Lincoln Perry）创作的英文版封面。我当然要感谢他。你是否注意到中间穿着白衬衫和红裙子的女人占主要地位以及她如何将你的注意力集中在前景中的模型和她所属的、紧密相关的三人组上？这个模型与窗外的城市还有技术成就相吻合。当我们想到最广阔的人类史时，技术成就往往会填满我们的视野。但是这个模型实际上是由制作它的人物构成的，因为这个城市是由那些建造和使用它的人构成的。目光很容易从前景的群体移动到角落里挂画的群体。他们凝视的方向有趣地改变了前景中那组人的方向，但他们重复图片的基本主题：人们在一个共同的项目上互动并一起工作。当你的目光跳到图片左边正在交谈的两个人身上时，这个主题又出现了。正如整幅画所暗示的，正如我当然要论证的，这个主题，人们共同工作的主题，甚至比技术成就的主题更重要。请注意，图片真正的深度不仅是通过目光从模型向窗外移动到城市以外的方式创建的，还通过楼梯上向外看的女人的目光，她在看……谁？她是不是在看前景中间那个女人，把画面和整个办公室画入一个更大的整体即正在工作的整个团体中？还是她在凝视画面以外，把你和我以及旁观者们，也拉入了网络？我说不清。

目
录

意象

第一章 问题

　　古希腊哲学家苏格拉底提出过一个至今发人深省的问题：一个人应该如何生活？这一问题引发人们对自己作为个体而进行深刻和巨大的反思。人类学家提出一个与之相关的问题：我们如何共生？这似乎又引发了一连串不同的课题：不是"我是谁"，而是"我们是谁"；不是"我该怎么办"，而是"我们如何相互联系在一起"；不是"应该做些什么"，而是"已经做了什么"。

　　人类学家所提出的问题并非无关紧要。苏格拉底要求我们对自我进行反思（他说过"未经思考的生活不值得去过"）。人类学家则强调，这一思考还必须包含我们对共生、共享的生活的思考。这里"我们"指的是我们人类。作为一个物种，人类展现出极大的共同关注和休戚与共的属性。我们作为社会性动物而存在，并非是我们天性中一些意外、偶然因素的显现，而是体现了我们之所以为人这个核心。如果没有社会属性，我们简直无法生活，无法作为人类继续存活下去。正如莫里斯·戈德里耶

（Maurice Godelier）所言："相对于其他社会动物，人类不只生活在社会中，他们还在为生活而创造社会。"[1] 因此，在人类学家看来，把人类仅仅当成个人来研究是不全面的。我们只有了解了我们与他人的关系，才能真正地了解我们自己。

但是，仅仅强调人们相互之间的关联性，还是不能完全把握人类的特性，或者说不能完全把握人类学家在研究人类的社会属性时所特别关注的问题。因为与其他物种相比，我们的社会性更进一步，还有一个非常令人惊异的特点，那就是变幻无穷。人类不仅创造了社会，而且其社会形式花样繁多，变幻莫测，其精巧繁复程度堪比迷宫。没有任何其他物种在日常生活中展现出如此的精巧度和多样性。感觉就好像是从人类诞生开始，在我们共同渡过的历史长河中，改变社会始终是我们亘古不变的需求。又好像是我们一定要使我们的共同生活越来越纠缠不清，庞杂得就像拜占庭帝国。我们设计出露丝·本尼迪克特（Ruth Benedict）所说的"大弧"，我们用不同的方式工作、交流、处理家庭事务、相互支配和控制，参与从未体验过的事情。如果说每个领域都有自己的核心问题，那么人类学的核心问题则是人类社会生活的多样性。

因此，"我们如何相互联系在一起"这一问题包含着极为丰富的细节和复杂性。人类学家普遍认为仅新几内亚岛上就有七百种语言，相应伴生了七百种不同的文化和社会形态。而整个人类世界又会有多少种不同的生活方式呢？想想亚洲、非洲和欧洲，甚至北美洲。人们一般认为北美很同质化，但是那里也呈现出多种语言、多种生活方式和社会形态。因此，一方面，人类文化的多样性是一种绝对的存在；另一方面，每一种生活方式亦各有其复杂性和综合性，糅合了语言、家庭、经济、政治以及宗教等多方面的经验。那么我们怎样才能记录——进而诠释或理解——一种文化？我们怎样记录我们自己的文化，记录所有的文化？

所以说，人类学面对着一大堆极为庞杂、丰富的研究材料，对如何处理这些材料我们又感到一筹莫展。让我们先来看看以下情况：在广袤的、多样化的人类社会和文化领域中，每一位人类学家都脱胎于某一特定的文化变体。包括人类学，其本身就是从并不久远的过去的某种环境、某种文化中产生的。受制于这种局限性，人类学家从事研究的首要准则就是：尽可能地克服他们原生文化背景所形成的假设、认知和观念，以便尽可能不带偏见地对他们的研究对象开展工作。显而易见，要是我们一开始就带入自己的动机和认识，我们又怎么能准确地认识和理解他人呢？

人类学家如何才能超越自身的文化？在人际交往中拥有自己的观点和立场，这是人的天性。这种观点必然来源于一个人原有的生活方式。然而，如果每位人类学家——包括人类学自身——总是受制于某种特定的生活方式的话，那么他（她）又怎能衡量另一种生活方式？他（她）怎能对不同的生活方式做出令人信服的比较？我们不禁要问：是否存在一种可以超越特定文化传承的、通用的研究准则？如果有，那它又是什么？

上述这个用于有效描述和理解各种生活方式的通用准则问

题，又指向另一个课题：是否存在一个基本的人类共性？从某个角度来看，这一共性肯定是存在的，因为多样性本身即源自事物之间差异的存在。同为某一物种，我们必有共同特征。但是在所有的多样性中，哪些是我们的共性？我们又如何克服褊狭的个人或个体的社会经验，去辨识出这些共性？

我并非对上述这些相互联系的问题夸大其词。它们不仅构成了一道难题，而且成了一团缠绕不清的乱麻，最终在人类学研究的核心领域打了一个死结，这个死结中的每根线索又牵扯着其他线索。如果我们能首先确认社会和文化的多样性这一存在，我们就有可能确认这些多样性之间的关联。如果我们能够做到上述，我们就可能在描述多样性这一问题上达成共识。然而，在我们无法对"多样性"这一问题进行描述之前，我们又几乎无法证明"多样性"存在，如此循环往复。从悲观的角度来看，我们可能永远都不能走出这个死循环。

但是我乐意从乐观的角度来看问题，有些事情我们是可以去做的。我们可以慢慢尝试着挑出一股线索，看它把我们指引向何方。然后顺着这缕线索找到另一缕线索，直至解开整个绳结。我当然不能声称我已经解开了所有的绳结，这仅仅是人类学家持续致力于解决这个难题所做的集体努力。但我的确一直追随着我以下提出的这三个问题：人类文化的多样性下隐藏着怎样的统一性？多样性是如何产生的？我们如何正确地理解这种多样性？

第一条线索

我首先提出以下问题：

> 既然存在着多种人类生活方式，那么人类的共性应该是怎样的？

我之所以如此佶屈聱牙地遣词造句，是出于以下两个原因。首先，我要强调这个问题涉及一个我认为是公认的、基本的且不容置疑的前提：人类各种可能性的档案。这是我挑选的第一个绳结，并顺着这个结追寻线索。即使是我们大学小小的系教学图书馆里也有上千余本藏书，其中一部分涉及一千多种（甚至更多）现存的曾经存在过的不同的人类生活方式。我们并非认为这些档案绝对无误，或者这些生活方式清晰可数（例如美国是只有一种生活方式呢，还是有许多种？而中国、英国、印度又有多少种生活方式？）这些档案至少在一点上是可靠的，那就是生活方式确实种类繁多。这些差异可能存在于语言、谋生手段、政治组织、家庭管理、宗教机构、心理观念、对世界起源的解释、服饰穿着等各个方面。我对多样性意味着什么会心生疑问，但是其规模是毋庸置疑的。既然必须从某一处入手，那么我就选择从人类社会与文化生活巨大的多样性这一点切入。

其次，这个问题要求对人性加以考虑，正是这种天性，使社会文化的多样性成为可能。这正是"普遍"的意义所在：我们要研究的不是人类生活的某个特定变体，而是所有变体所根植的土壤。也许最好的说法是：问题涉及多样性，而不是变化本身。正如西南非洲的狩猎群体与澳洲的狩猎群体不同，或者今天英国的佛教与古印度佛教不同那样，这些真实存在的变异可以从特定的历史、社会、政治、文化和经济环境中得到解释。我们可以就我们的信息所及来解释这些现象，而用不着明确提出人类本质问题。

另一方面，对于多样性的解释还必须考虑到差异化生活方式的每一种可能性。必须说明人类必须分享哪些东西，才能创造出多样性，这就直接关系到了人的本质。思考关于狩猎采集群体、佛教徒或者人类学家的问题，就是提出社会-文化多样性问题。在这个范围内探讨人或者人的本质，就是探讨是什么促使任何一种变异成为可能。因此，我的关注点将只聚焦于一系列把我们的物种联系起来的普遍性，也就是一系列使我们创造文化多样性的能力。我们的社会和精神生活中也许还存在着许多其他小宇宙，是人类学要关注的症结问题，而我在这里先不作考虑。

对于上述的"多样性"问题，我们能找到怎样的答案呢？以下我已经开始借用生物学范畴的术语。答案是生物学的吗？还是有超越生物学范畴的、属于人类特有的阐释体系？这是一个敏感的且会引发激烈争论的问题，19 和 20 世纪一些曾被激烈争论过的话题对此也有所提及。

首先我需要澄清一些术语。生物人类学家杰弗里·哈里森（Geoffrey Harrison）最近抱怨我的"人类学"研究只涉及社会和文化人类学。他说这种用法错误地忽视了在科学研究领域中很受重视的生物人类学的存在。[2] 我同意他对我的批评，并对此表示歉意。所以我在这里特别说明，除非特别说明，我在本书中所说的"人类学"，系专指社会和文化人类学。这只是为了叙述的方便，而非宣称某种学说。

按我的理解，丹尼尔·布洛克（Daniel Bullock）的以下论述，概括了生物人类学和社会人类学所共同面对的课题：

> 尽管人类历史与之前的自然似有脱节，但我们的理论秩序感（sense of theoretical order）促使我们把人类史理解成为自然史的另一篇章。难点在于如何找到一种正确理解的方式，它不至于把专属于我们人类的自然史篇章的主题的理解，减化成自然史前几章的主题。我们这章一定有全新的东西，正如以往的历史篇章都有全新的东西一样。[3]

这一微妙、公允的论述为我开启了一种可能性，使我得以用本书三分之一的篇幅，对支撑我们文化多样性的能力的形成过程进行探索，我们将对文化多样性潜力的进化史加以展示。

我的一些从事社会和文化人类学研究的同事可能会对上述论点缺乏兴趣，甚至表示怀疑。差不多整个 20 世纪里，社会生活多样性被看成是不可辩驳、为经验所证明的显而易见的事实，进化论的阐释在人类社会生活中几乎没有用武之地。他们的论点是：我们已经记录了前人难以想象的文化种类，这种多样性揭示了人类的可塑性。这种可塑性是由一个人所处的社会生活环境所造就的能力，是人类唯一的、最重要的普遍性，是把人与动物区别开来的决定性因素。它预设了思考的能力、学习的能力以及说话的能力，这些能力在其他物种身上并不具备。因此文化多样性本身就包含了能证明人类独特性的足够证据，我们这些社会学家和文化人类学家无须用进化论思想来研究这个课题。

而接受这一论点的一个原因在于，尝试从生物学或进化论的角度来解释我们物种或者我们物种内部差异性的尝试缺乏可靠性。从19世纪到今天，许多作者给一些可疑的社会或者政治观点披上进化论的外衣，并且有一种如丹尼尔·布洛克所说的一以贯之的倾向，即"把专属于我们人类的自然史篇章的主题的理解、减化成自然史前几章的主题"。最过分的例子也许是以离我们的动物祖先近远的观点来为种族主义的政治企图正名。这些给人们留下了苦涩记忆，也造成了社会和文化人类学家对生物学和达尔文主义产生了深刻的不信任感。

但是，如果我们正确地看待这些问题，就没有必要把我们自己当成是从自然史中演化而成的一个物种。的确，我们在许多方面与我们的近亲社会灵长类动物有相似之处，但我们也与它们不同。只有存在相似性，才有比较的意义，进而彰显差异性。近些年来，基于灵长类生态学家、儿童心理学家、语言学家以及哲学家在研究"多样性"方面所揭示的全新的、更强有力、更微妙的前人难以想象的能力，进一步彰显了这种差异性的存在。

第二条线索

我不打算在这里描述这种能力，而只想说明它造就了一种积极的创造力。我们所有人都既能有效地创造文化多样性，又能有效地保持其延续性。这一点正契合本书中间三分之一篇幅所要证明的观点，即文化与社会的巨大多样性和灵活性，已然超出人类学家迄今为止的发现。认为文化从根本上就是变化的、不稳定的这一看法在人类学家中日益普遍。以下我将简述我是如何通过研究认识到这一点的。

有一段时间，我对耆那教徒很关注，这是印度一个少数民族的宗教团体，我曾经对此做过田野调查。耆那教有 2400 年的历史，其延续性和变迁过程使我着迷。一方面，耆那教徒似乎把他们的宗教保留了很长时间，其传统和惯性的力量令人叹服。另一方面，仔细观察中世纪、19 世纪末和 20 世纪的耆那教，我们亦可以看出其不断的变化和创新的过程，没有任何理由怀疑这种变化和创新从最初就开始存在，因此可以理解为耆那教一直在变化。那么我们应当如何协同这些长期和短期的演变呢？

我始终从两个维度探索这个问题。一个维度是深入到耆那教本身，对此本书只稍加涉猎。另一个维度关系到我们对文化、社会和历史进行思考的方式。我越来越相信，人类学家，包括我自己在内，尚未对此类问题形成清晰的认识。人类学家通常用一般现在时态的句式来作如此介绍："耆那教徒总是做这个，坚信那个。"而实际上这种表述真正传递的是这样的信息："一般来说，耆那教徒如今、现在、在做这个，坚信那个。"如果仅仅是用来给那些不了解耆那教的人撰写实用的入门基础读物，并塞进学术研究的档案里，采用一般现在时态的叙述体系倒是安全的，甚至是必要的。

但是，有时候这种一般现在时态的用法会产生更多的歧义，好像对许多人类学家来说，社会就是一成不变且因循传统的似的，比如说"耆那教徒做这个"是指"耆那教徒一直做这个"，这第二种现在时的使用更令人起疑，许多人类学家已经对此提出质疑。至少这种对过去所作假设的断言已被证伪。此外，对许多人类学家来说，传统与现代、无历史记载与有历史记载的社会之间的区别一直是一个基础的操作性假设（operating assumption）。用这种观点看问题，一个传统社会里所发生的事件和变化只是偶然的、附带的，只是在传统、稳定的文化保守主义汪洋大海里泛起的涟漪。

本书的某些部分顺带提及了这种误解，但是当我更深入地思考这个问题时，我确信我们所面临的核心问题在于我们认知的严重匮乏。以这种非历史性的方法书写其他社会，给人的感觉是这些社会、这些文化好像只是自发形成的。沿着这样的思路走下去，就无法解释在遥远的过去或是近现代所发生的实质性的文化变异，因为变化不是在当下即时发生的。这种观念下的人类学只研究当下，而不涉及其过去、本原及演变。既然某种文化的现时状态不会永远存续——不像人类那样可以永存——我们必须至少假定它们是以一种有案可查的方式形成的。否则我们就得相信文化是圣灵感孕后的奇迹了。

这些我所习得的，并且仍为很多人所实践着的人类学论点绝非原创。我在这里试图做的是对进化和社会人类学的观点进行综述。如果说本书前三分之一论述的是我们的集体创造性来源于我们物种的本性，那么其后三分之一的篇幅将阐述我们是如何运用这种创造性的。我要证明变化、创造和再创造、诠释和再诠释，如何贯穿于我们的日常生活。这不是偶然和特殊的过程，而是人类社会生活的真正要素。即使我们似乎是在做些很传统的事情，我们也是在新的环境条件下开展的，因此我们其实是在创造传统而并非简单的模仿。

第三条线索，以及各条线索的交汇

本书最后三分之一专注于人类学本身。试想人类学家在试图理解一种陌生的人类生活方式时所面临的困境吧。另一种文化形态的真实存在使他们从根本上感到不安，这种不安根植于我们通常更倾向于从自己而非他人的立场去试图理解他人，因而最终常会陷入对他人的误读。首要规则是：怀疑自我的直觉反应，这不但是有益的，而且是必要的——我们需要花大量时间和精力去研究其他社会，因为我们最初的本真理解几乎可以肯定是错误的。但是在谦虚地反省个人观点和武断认定一个社会的人不能理解另一个社会的人之间，还有存在着巨大的差别，人类学家则试图以这样或那样的方式来造就理解其他文化的可行路径。

事实上，从更成熟的角度来思考，在人类社会变迁的宏大背景之下，无论是作为访客、居民或移民，不论是自愿还是被迫，在人类从一个社会迁延到另一个社会的持续变化之中，人类学家都只是其中的沧海一粟。在这种情况下，人们不但要努力互相打交道，还要努力掌握属于另一个社会的技能，除了复杂的政治和贸易之道外，还包括语言、音乐、艺术、科学和文学等。

再让我更进一步。我相信这些学习和掌握的过程非常接近于一种潜在变化的过程，正是这种进程使社会变异成为可能。想想一代又一代人的变化。年轻一代必须像外来者一样，从老一代人那里习得他们社会特有的技能。像外来定居者和商人一样，他们必须灵活地掌握这些技能，以适应新的情况。他们不得不面对自然环境和社会环境的不断变化。因此年轻一代对事物的处理方式以及他们对事件的感受，必然映现出他们自身所处的环境，而不是对父辈的机械模仿，否则，我们得说他们就像学舌的鹦鹉，对它们正在重复的内容并不真正理解。真正理解的标志是能够运用所学的知识进行创新，而不只是盲目地重复别人已经做过的事情。

因此，我建议先行创设一个共识，以此为基础再来理解社会如何运作和演化。其核心是基于以下事实：人类是具有社会性的，他们在彼此关联中生存和行动。他们一起学习、生活、工作，所有的社会生活都是在面对他人、依靠他人、与他人合作的情境下展开的。在人际交互，而非囿于自我的过程中，人们一起学习、一起生活、一起改变世界。只要能理解其中一件事情的形成过程，我们就会茅塞顿开。只要我们对我们所生活的社会有更多的了解，我们就能更好地掌握人类学，并进而对世界的形成方式获得更深的认识。

我的看法是，直接观察人与人如何相处，可以有许多发现。这是人类学，特别是英国社会人类学的一个老传统，而我这里所阐述的观点正是延续了这一传统。或者至少可以说，前人对人际关系的研究已经深入到一定的程度，使我可以直接把社会中的人和人际关系，作为人类生活的基础研究材料。

也许借用一个心理学上的术语"互助论"（mutualism），更能准确地描述我的研究方法。共生理论强调：人与人之间的联系是如此紧密，我们只有对人在人际交往中所展现出来的哪怕是表层的个人观点和态度有所了解，我们才能对其人有适当的理解。我从心理学家亚瑟·斯蒂尔（Arthur Still）和吉姆·古德（Jim Good）那里借用了"互助论"这一术语。在他们那里，互助论涵盖了从人类学、社会学和社会心理学中广泛提取的观点思想。在维果茨基（Lev Vygotsky）、巴赫京（Mikhail Mikhailovich Bakhtin）、米德（Margaret Mead）、加芬克尔（Harold Garfinkel）等互助论学者看来，人与人直面相处时没法不互相牵制。他们明白人类的成就都是共同完成的。在互助论者看来，甚至在像抚养孩子、闲聊天气这样表面的日常生活能力中都充满了谜团和启迪。用互助论的眼光来看问题，甚至人类最简单的组织形式——街角的商店、家庭——都很复杂，其工作方法微妙、棘手且充满不确定性。同样，即使要理解那些我们最熟悉的人都是一件煞费苦心的事，人们并非总能做到。正像伍迪·艾伦（Woody Allen）的一个角色那样耸着肩说："谁能声称自己能真正地了解另一个人？"能把这些事情搞清楚才真令人惊叹。

第二章　大弧

在这一章里，我将举出一些人类学家思考人类多样性的方法。我将通过讲述一个故事的方式来阐明，对人类多样性的一种观点和理解是怎样让位于另一种观点和理解的。

第一种观点是在第二次世界大战之前就已形成的。在这种观点的影响下，人类学研究通过基金赞助、大学系科组织，以及在刊物上发表文章和出版书籍等方式，逐渐发展成为我们今天所熟悉的一门学科。对于人类多样性的第一种观点，把观察的重点放在无历史记载的对象上，注重在偏远地区进行长期耗资巨大又艰苦的田野考察。这样的田野考察揭示出民族志，即迄今为止我们仍未研究的社会生活方式的种种细节。这些在北大西洋世界，或至少在北大西洋世界人类学领域中展现出来的一切，经常是用现在时态来表达的，称作"民族志现在时"（ethnographic present）。采用这种时态进行表述是有原因的。正如我之前所说，现在时态不一定包含无历史记载的观点。这是因为当时的人类学研究者们迫切要发现他们在当时、而非过往的生活方式。早期人类学家在对"原始"人的过去进行任意而无根据的推测过程中，也耗去了他们的大部分学术权威性。因此，以"现在时主义"的观点为基础建立新的人类学似乎顺理成章。

但是，当人类学家发现他们最初对人类社会多样性的观点与历史学家、社会学家或人类学田野考察工作者所发现的真实世界的复杂性无法匹配时，尴尬的局面和各种各样的解释出现了。经过进一步探究后发现，那些表面上看来孤立、与世隔绝的社会，事实上深受其他社会群体，特别是人类学家自身这一群体的影响。这些大量的差异，开始慢慢体现在有关人类社会多样性的基本理论中。一种新的、更复杂的人类社会多样性的观点呼之欲出，并在逐步形成过程中，它更加注重对全世界人类社会生活和人际关系的历史特征的考察研究。它不是全盘否认原有的人类学研究成果，但它的确为这门学科带来了新的视角，赋予它新的含义。

大　弧

这个故事中的"过去"（the "before"）有其渊源，然而就我而言，唯一的最为丰富的源头莫过于露丝·本尼迪克特所著的《文化模式》（*Patterns of Culture*，发表于 1935 年，不断再版）第二章"文化的差异"中所阐述的观点。这些观点不仅仅是她的想法，许多观点在 20 世纪初的几年里随着她的老师弗朗兹·博厄斯（Franz Boas）及其同事和学生在美国初创文化人类学时就已经产生。但是她把自己的观点表达得更清晰有力，而且用了一个有广泛影响力的意象。

应该指出的是，《文化模式》的出版，引发了英国派社会人类学——特别是当时非常有影响力的英国人类学家拉德克利夫-布朗（Ridcliff-Brown）与美国派文化人类学之间的争议。但我想要说明的是，两个学派之间的争议所基于的共同假设，恰由本尼迪克特做了充分的论述。我还需要指出的是，后来两种学派逐渐靠拢，甚至可以把它们看成是一个更大学派的两个分支而已。总之，他们都认为田野考察是获取知识的最佳源泉。

本尼迪克特用下面这个故事来概述她对文化多样性的看法：

> 一位以挖草根为食的印第安人（加州人称他们"迪格尔印第安人"）首长告诉我许多他部族的人们从前的生活方式。他是一个基督徒，带领他的人在灌溉过的土地上种植桃子和杏子。当他谈起他亲眼看到巫师在他面前跳着熊舞自己就变形为狗熊时，他的手颤抖着，他的声音因为激动而沙哑了。他手下的人曾经拥有的力量真是无与伦比。他最爱讲……他们从前吃的食物……【他们】吃过"沙漠里的健康食品"，他根本不知道罐头里装的和肉店里卖的那些东西。

> 有一天，拉蒙在讲怎么磨豆、怎么做橡果汤时，忽然插

入："开始，上帝给每人一个杯子，一个陶制的杯子，人们就用这个杯子痛饮一生……他们都去舀水，可是他们的杯子不一样。我们的杯子如今已经碎了，没有了。"[1]

这段丰富而动人的描述，包含了殖民的创伤记忆、开展殖民地人类学研究的辛酸感受，以及对民族多元化问题的冷静且中肯的思考。接下来，本尼迪克特用拉蒙的比喻和他的个人处境作为基础材料来扩展她自己的理解。她采用的策略是逐渐加入评论和解释，这样慢慢地将读者从阅读田野考察的故事，导入对人类学的教学。《文化模式》显然不是一部着重于田野考察的专著，但是至少这段话显示了田野考察的特殊性，那些对被研究对象的个人际遇所采用的典型的民族志学描述，可能可以转化成更普遍的理论应用。

她接着写道："世间留下的是诸种别样的生活之杯，也许这些杯子盛的是同样的水。但是他的人民的杯之丧失却是无可挽回的。拆东墙补西墙也于事无补。这造型是基础，无论如何它是个整体。"[2] 对于本尼迪克特来说，拉蒙那个比喻的含义是，每一种生活方式都像一只杯子，是一个统一的整体。本尼迪克特认为其整体性正是通过它可以被打碎这一点表现出来。这是她整本著作的核心思想，在《文化模式》后面的章节里，她进一步对该思想展开陈述。现在，如果脱离本尼迪克特的解释来重构拉蒙的故事，我们事实上是在以一种醒目的方式讨论了两层意思：一层是对无可挽回的过去的失落感，另一层是民族的多样性。另外需要说明的是，"无论如何是个整体"也和拉蒙的说法并不矛盾，但拉蒙所说的并不一定包含了这句话的意思。这是她对拉蒙的话的理解，即强调文化的完整和不可修补。她后来在书中写道，文化"就像一个人一样，或多或少是一种持续的思想和行为模式"。我想要强调的是，本尼迪克特心中有一个目标，在当时相对来说属于新兴并且还在苦苦挣扎中的人类学研究领域里，想要就人类多样性课题构建起一个宏伟蓝图。

本尼迪克特论述中的其他重点是，社会之间、文化之间的界线（就像一只杯子一样）是轮廓分明且互相排斥的：一个人要么有某种文化，要么没有。某种文化要么存活着，要么已消失。拉蒙要么生活在这个社会里，要么生活在那个社会里。于是本尼迪克特进一步解释拉蒙的意思：

> 那些曾赋予他的人民的生活以意义的东西：他们自家的饮食仪式、经济体制内的责任、村里世代相传的礼仪、跳熊舞时的那种魔状态、他们的是非准则，所有这一切以及他们原有的生活模式和意义都一去不复返了……【拉蒙】的意思不是说他的人民面临绝灭。但是，他确实意识到少了某些东西，某些视同自己的生命本身一样有价值的东西：他的人民所遵循的准则和信仰的整个结构完了。[3]

本尼迪克特进而指出，"他在两种文化中间脚踩两只船，而这两只船是价值观念和思维方式上均无共同尺度的两种文化。这真是一种艰辛的命运"[4]。这一观点得到本尼迪克特的好友、同事玛格丽特·米德的呼应。她写道:"如果我们意识到每一种人类文化——就像每种语言一样——是个整体,那么我们就能理解,如果一个人或者一个群体不得不进行转换时,最重要的一点是,他们必须从一种模式完整地转换到另一种模式里。"[5]

所以从这个角度来看,人类学应该主要关注像拉蒙酋长这样的人的过去的一切——生活的"整体模式",或者他的后代将来可能拥有的,那种美国英语世界的"世界文化"。根据这种理论,人类世界是由分离开的、清晰可辨的整体构成的:某个社会和某种文化可能占主导地位,但是它仍只是同等文化当中一个分离的变体。正如近来人类学历史学家詹姆斯·克利福德(James Clifford)注意到的,每一种文化因此都被看成是一个"自然种类",就像物质世界中的实体——植物类、动物类、矿物类一样,都是自然种类。

文化的分离性与本尼迪克特观点的另一特点有着密切联系,她认为生活方式的变异种类数量繁多,无法预测,无以计数。她写道:

在文化中……我们也应该设想出这样一个巨大的弧,上面排列着或是由于人的年龄周期,或是由于环境,或是由于人的各种活动所形成的各式各样可能的旨趣……每一个人类社会都在自己的文化体系中做出选择。从另一个社会看来,每一个社会都忽略了基本问题,只在细枝末节上作文章。一种文化几乎不承认金钱的价值，另一种文化则把金钱的价值看成每个行为范畴的根本所在；在一个社会里，技术受到难以置信的轻视……在另一个社会里，技术却高度发达，技术成果也完美地运用到生活的一切领域。[6]

这个大弧囊括了生活中如此多的实验、对于人类可能性的探索以及生活方式中可存在的无穷多样的众多选择。本尼迪克特沿着她导师弗朗兹·博厄斯的思路支撑这一观点。她观察到人的嘴巴可以发出一连串几乎不断变化的声音，可是如今，每种语言都只挑选一些声音赋予其意义。因此，每一种文化只挑选一些可能的共同生活的方式。这里"挑选"或者"选择"的意思绝不是指历史上选择声音或者风俗的实际过程。这里着重强调的是毫无动机的实验的意义、无缘无故或至少不可名状的多样性的意义，这种多样性却产生了蔚为壮观的美和价值观的完整形态。

海 贝

写了几页以后，本尼迪克特把杯子和大弧都抛在脑后，集中引用民族志的例子来详细论证她的理论。她这样做的结果却使得最初的形象显得更贴切。从某种意义上来说，一个基本的形象确实是存在的，这个形象就好像是博物馆里的展品，我们可以在博物馆里看到一系列不同的、分开来的、完整的物品，每件东西都是独特的，但是这些东西又具有一些基本的共同点。本尼迪克特没有用这种表达方式，但是那时，包括本尼迪克特在内的人类学家们都与美国和其他地方的博物馆有着紧密的联系。她写的许多东西似乎都受到"收藏"基础模式的影响，"收藏"这个词不但用于瓶瓶罐罐、面具和博物馆里陈列的物质文化，也时常用于风俗、信仰和非物质文化。

我履行我的承诺，来说明表面上不同的博物馆式的文化观与英国社会人类学家的文化观之间的一致性。与本尼迪克特同时代的两位最具影响的英国人类学家之一马林诺夫斯基（Malinowski）从根本上赞同美国学派的观点，这是真的。但是另一位当时英国派人类学的领军人物拉德克利夫-布朗执拗地反对"文化"的说法，他使得他的同事们和后来的英国人类学家在这一点上态度坚决。然而，在重要的方面，他展示的多样性的方向与本尼迪克特的观点基本一致。他在下面这段话中表面上是运用了海岸的形象，但是发出博物馆形象的幽光。他写的是"社会结构"：

　　每当我在海滩上拾起一个贝壳，我都看到这贝壳有着特殊结构。我可以找到有着相似结构的同类贝壳，所以我可以说存在着这个物种的一种典型结构。我可以通过考察一系列不同物种识别出基本的结构形式或者原则……我考察了一组澳大利亚原住民，发现一些家庭成员的组织原则。我把这叫作那个特定时期特定人群的社会结构。另一群当地人的社会结构在很大程度上与第一群人相似。我可以通过对一个地区的人群组进行有代表性的抽样调查来描写某种结构的形式。[7]

　　拉德克利夫-布朗想象的博物馆是自然史而不是人类学，但是他所选择的类比物和本尼迪克特的杯子的比喻十分相似。贝壳硬而脆，每个都不一样，但是又可以把它们进行类比。它们很容易成为"自然种类"。

　　的确，拉德克利夫-布朗描绘这些物品的方式和本尼迪克特不一样。他对"人的安排""社会结构"感兴趣。正像他在别处所说的，他的社会结构的观念主要集中在"政治制度、经济制度、亲属关系和礼仪生活"[8]。这种顺序以及重点与本尼迪克特罗列的拉蒙的社会的各项不完全相同。她所感兴趣的不是对人的安排，而是对思想和价值观，即"他的【拉蒙的】人民的价值、标准和信仰的整体架构"更感兴趣。[9]然而，如果有什么不同的话，那就是拉德克利夫-布朗更热衷于他所发现的对象的整体特征，并且通过构成有机体器官的和谐运作的类比来描述社会制度（本尼迪克特有时也这样做）。正像他所说的，他的工作与比较解剖生理学家或者其他自然科学家的工作相似。他写道："自然科学的方法总是建筑在对被观察的对象进行比较的基础上的。"比较的目的是"发现人类社会过去、现在和将来的普遍性、本质和特点"。[10]本尼迪克特不但也如此强调科学的修辞，而且确实偶然还会运用这种语言，比如说她把那些"从历史上看和我们的社会没多少关系的社会"描写成"我们所具有的或者将要拥有的唯一的社会形态实验室"。[11]

这种科学语言如同收藏的基础模式，引向另一个两种观点都认可的、远离历史而通向永恒的特点。对本尼迪克特和拉德克利夫-布朗两人来说，人类学家把古希腊社会与当今印第安人的用泥土和石块搭建的村落或者澳大利亚原住民相比完全是合理的，就好像他们被封存在一个罐子里，与他们的历史背景隔绝。在这个大实验室里，这些人就像活生生的实验（本尼迪克特）或者标本（拉德克利夫-布朗）。他们在某种程度上把自然科学作为知识模型——拉德克利夫-布朗比本尼迪克特更强调这一点——甚至认为这种知识就其特点而言具有普遍性，放诸四海而皆准，是可以在不同空间、时间里运用的。而且，以如此广博的比较方式来看待社会会带有一种崇高感，就像一个企业的远大目标可以使其与自然科学相提并论似的。这种态度在争论时，比如与那些进化论生物学家和心理学家辩论时是用得着的。这些进化论生物学家和心理学家当初（现在仍在）推行的关于人类本性的观点完全忽视了人类学家所强调的显而易见的多样性。在这种意义上，永恒具有雄辩、战斗的特点。但是它也完全而且必须符合文化或社会是有边界的这一整体概念。因为历史更迭兴衰一经出现，文化或者社会的整体性和边界便开始动摇、融化。

二者之间

《文化模式》是一本内涵丰富、繁复的著作，我只介绍了一鳞半爪。这本书大部分是对社会的评论。另外，该书分析了当时论争的社会意义甚至政治意义，肯定了关于文化多样性的民族志本身的价值，并且认为这门学科可以用于医治北大西洋社会病态的观念和现实。多样性表明其他生活方式的可能性，我们不是囿于自己的传统和对于人类本性欠思索的观点，我们能够而且必须学会欣赏其他生活方式的合法性，然后才会出现一种宽容、多元的文明。《文化模式》55年后的今天仍在发行证明了这本书历久不衰的现实意义和渗透力。

但是时过境迁，我们能从中看出当时可能是无意识或者下意识的、而如今却明白不过的嘲讽。本尼迪克特十分清醒地认识到，北大西洋社会近来（几个世纪以来）开始与通常由人类学家所研究的社会接触，这种接触的后果是深远而痛苦的。她告诉大家（其实是强调），北大西洋文明本身处于历史演变之中。她很清楚人类学家所进行的社会研究都有一部悠久而丰饶的历史，这部历史产生了人类学家所研究的生活方式。

然而，这些见解和她的人类学观念以及研究主题不一致。作为社会批评家，她驾轻就熟地运用变动性。作为人类学理论学家时她则完全忽视了变动性的存在。她介绍拉蒙的时候常语带嘲讽。在她看来，拉蒙是那个社会阶层中一位值得尊重的居民，一个"基督徒，一位带领他的人在灌溉过的土地上种植桃子和杏子的"首领。但是当他说到巫师时"他的手颤抖着，他的声音因为激动而沙哑了"。的确，所有这一切——基督教和对巫师的怀念，仍然作为美洲印第安人一员的人种的桃子和杏越来越多地出现在市场经济中——难道不更值得关注吗？难道不更是关于人类生存条件的发人深省的例子吗？难道不更是一种特殊的生活方式吗？难道不更是值得探讨的难题吗？可是本尼迪克特只是说"他在两种文化中间脚踩两只船，而这两只船是在价值观念和思维方式上均无共同尺度的两种文化"。根据海贝说，文化是互相排斥而脆弱的，它们之间也许是互不相通的，甚至互不理解的。然而拉蒙无论如何在努力按照某种方式生活着。本尼迪克特自己也想方设法和他聊天，向他学些东西，甚至尽可能在某种程度上参与他的生活。如果我们认真看待这些批评，那么这些批评是针对海贝文化说的严重的缺陷的。

我的策略是迅速转到故事"以后"，转到人类学对于海贝理论的回应上。但在"二者之间"稍作停留还是值得的：为什么人类学家放弃了本尼迪克特和拉德克利夫-布朗都同意的观点呢？

也许最直接的答案是，人类学家所发现的世界总是像拉蒙的世界，处于一个条件和另一个条件之间、处于过去和未来之间、处于一个社会和另一个社会之间的永恒的中间站。让我来讲一下我自己在《斯里兰卡的森林僧人》(*The Forest Monks of Sri Lanka*)中记录的田野考察。我到斯里兰卡研究佛教时，本来的计划是要发现佛教的教义是如何体现在斯里兰卡佛教徒的日常宗教生活中的。我怀揣一个未经思考的假设，那就是我会发现点什么被像拉蒙一样的当代斯里兰卡人所失去的古老的、真传的东西。所以，当我偶然在这个岛上一个偏僻角落遇到那些对于北大西洋学术世界几乎一无所知，那些似乎再现了最古老、最真实的佛陀精神的森林僧人时，我非常激动。只是有一个问题：森林僧人运动的兴起几乎还不到 20 年，而不是佛教产生的 2500 年前。罗伊·丹德雷德（Roy D'Andrade）在什么地方说过，在当今世界上研究文化就好比在暴风雪中研究雪花。这正是我的经验，而且似乎有理由认为如今雪崩似的变化尤其迅猛而强烈。但是当我深入到僧人的生活方式中去的时候，我发现他们从来不是停滞不前的。雪崩的过程是漫长的。

还有别的原因。人类学是学科和思想大世界的一部分，不太可能不为历史学家或者社会学家所揭示的变化之谜所触动。人类学已经成为更为实际、更为紧迫的学科，实用人类学家要懂得处于拉蒙那种状态的人，而不是拉蒙从前可能或者将来可能是什么样的。人类学本身有点老了，那些当初作为研究对象的人，似乎是，或者被描绘成是没有变化的，现在他们已经变了。最令人揪心的变化之一也许要算是科林·特恩巴勒（Colin Turnbull）所记载的。他在 1961 年出版的《森林人》（*The Forest People*）一书中，以动人的笔触描写了比利时所属刚果的姆巴提俾格米人的永恒的世界。但是他在 22 年以后发表的《姆巴提俾格米人：变化与适应》（*The Mbuti pygmies：Change and Adaptation*）中写道：

> 1951 年我是第一个来到那时属于比利时刚果的伊图里森林的姆巴提俾格米人当中的人。1954 年我又回到那里大约一年半。即使在这么短的时间里，已经发生了变化。当初的印象必须加以纠正。1957—1969 年间，我再回来的时候，

我花了不少时间把我看到的东西和我最初的发现联系起来。1970—1972 年，我又回到同一森林中的同一地方时，我简直就完全处于自相矛盾之中了。[12]

但是，当特恩巴勒几乎勉为其难地既同意同时又反对他在《森林人》一书中所提到的他切身感受到的原始的、永恒的幸福的时候，这并不一定是自相矛盾、自我修正，而是因为变化正在他眼前发生。

然而，我不应该让人觉得不尽完善的海贝说完全支配了人类学的思想和实践。人类学家的知识是建筑在人类学家的实践上的，人类学家的基本工作是民族志田野考察：通过或多或少的面对面的接触，对一群为数很少的人做深入细致的、长时间的研究（现在我们必须强调，这种研究经常通过进一步的历史研究得到补充）。人类学家在实地的首要任务是观察现场发生的一切，人类学家回到书桌前的首要任务是描绘出现场的一切。这种描述，或者按照人类学家通常的说法，这种翻译，这项使得陌生事物变得令人熟悉、使得让人费解的事情变得明了、使得支离破碎的现象变得条理清晰的工作一开始并不一定要求对变化进行分析。《森林人》和《姆巴提俾格米人：变化与适应》的读者首先要知道的不是姆巴提人令人激动的摩利摩（molimo）仪式发生了这样或者那样的变化，而是这种仪式到底是什么。有很多优秀的而且确实很美的民族志研究只不过是翻译。

欧洲与没有历史的人民

自从本尼迪克特和拉德克利夫-布朗的著作出版之后，已经有很多针对海贝说的不完善而做出的回应。我们现在仍处于论争之中，而且比在本尼迪克特所处的时代更难看清楚从何处、如何概括这些论争。我认为，表达人类学家集体回应的最好的著作要数埃里克·沃尔夫（Eric Wolf）的《欧洲与没有历史的人民》（*Europe and the People without History*）。这本书出版于1982年，距《文化模式》一书的出版将近五十年。这就是我所谓的故事"之后"。《欧洲与没有历史的人民》是一部很厚的书，一部综合性的著作，不如本尼迪克特的书那么容易懂，但是它提供了很有分量的、经过深思熟虑的论点和缜密的论据。像本尼迪克特一样，沃尔夫提取了其他人类学家著作的精华，同时做出了自己的贡献。像《文化模式》一样，他的书也是一部社会与政治批评的著作，是一部关于人类多样性的不同观点的著作。

像本尼迪克特一样，沃尔夫提出的思想并非合所有人类学家的意。他从马克思的观点出发，或者更确切地说，他一生与马克思也研究过的变革的问题纠缠不清，深受其影响，这些问题只存在于那些我们今天所说的第三世界国家中，而一些素材和事件是马克思所不能预见的。其结果是，一方面，沃尔夫的综述既涵盖了最大范围的人类生活，即整体制度，又涉及了最小范围的人类生活，即家庭和团体生活；另一方面，他又特别偏重于人类生活的经济和政治领域，我们从他那里找不到通常认为的具有同样影响力的宗教、语言或者艺术等方面的认识。他也没有努力应对民族主义和种族性，我写这本书时，这种民族主义和种族性又在给我们的集体意识施加强大的压力。在这些范围内，沃尔夫的观点既是对马克思历史观的有说服力的重新阐述从而使其适于人类学，同时也为文化的整体性和不变性的观念所带来的困惑做出了中肯的回答。我要集中论述的是后一点贡献。

沃尔夫是这样展示其中心思想的：

> 大多数人类学家所研究的群体长期以来卷入欧洲扩张所带来的变化之中，他们为这些变化做出了贡献……于是我们需要发现"没有历史的人民"的历史——"原始的"、农民的、劳动者的、移民的、被围困的少数民族的历史。[13]

他接着说："如果社会和文化的独特性和相互分离是人类的一个标志，我们在所谓的原始人当中，在'没有历史的'、假设与外界并与他人隔绝的人民中比较容易发现这一特点。"[14]

这反映出本尼迪克特提出的看法，她说过："由于他们是相对孤立的，许多原始地区几个世纪以来精心耕耘他们自己所创造的文化主题。他们为我们提供了现成的各种各样可能的人类变异的信息，而对这些信息进行批评研究是了解文化进程的根本所在。"[15]

然而沃尔夫却认为相对的或者其他形式的孤立其实是不存在的。他举了一个有关奴隶贸易的例子：

由于欧洲的奴隶贩子只把奴隶从非洲海岸运往美洲目的地，贸易的供应掌握在非洲人手里。这就是英国重商主义者马拉奇·珀斯索伟特（Malachy Postlethwayt）所说的，建筑在"非洲基金"之上的"美国商业和海上强权的宏伟的上层建筑"。从西非的塞内加尔、冈比亚到安哥拉，一代又一代人被拉入这场贸易。这场贸易遍及非洲深处，触及海岸上从未见过欧洲商人的人民。任何把克鲁人、梵提人、阿桑特人、伊贾人、伊博人、刚果人、鲁巴人或隆达人等群体当作"部落"来记载本身就误读了非洲人的过去和现在。[16]

的确，《欧洲与没有历史的人民》最重要的作用是力图在世界上一个地区一个地区地显示，表面上孤立的、地域性的、不受外界影响的族群，其实已经和日益庞大的商业、殖民以及帝国强权的世界紧紧纠缠在一起。为方便起见，他选择了世界史的初期，或者至少是他特别关注的世界史的部分，即1400年，正好在发现新大陆的航行开始之前。也就是说，四五个世纪以后，当人类学家走上舞台的时候，他们所发现的世界已经不是古老的、原封不动的或者原始的、与世隔绝的世界，而是已经与人类学家所属的社会广泛相互作用的世界了。

他还强调，原始状态的、不曾与外界接触的、只是其自身历史产物的社会是不存在的。"所有我们记录下来的社会都是'第二级'，甚至是第三、第四或者第五级的。文化的变化或者演变不作用于孤立的社会，而作用于相互联系的制度，在这些制度中，这些社会又以各种各样的方式在更广阔的'社会领域'里联系起来。"[17]沃尔夫想象出用坚硬、不可穿透的东西作比喻，但这是用来形容他所排斥的观点的："如果认为民族、社会或者文化具有内在的同质性、外在的可区分性和有限的客观性，我们就创造了一个全球大台球厅一般的世界模型，实体像坚硬的弹子球一样在里面相互碰撞、分离。因此，把世界分成不同颜色的弹子球并不难。"[18]"没有历史的人民"的概念又有了一层含义。

　　我们在课堂内外都学过，世上有个叫作西方的实体，人们可以把西方想象成独立于其他社会与文明并且与其他社会与文明相对立……古希腊产生了古罗马，古罗马产生了基督教欧洲，基督教欧洲产生了文艺复兴，文艺复兴产生了启蒙运动，启蒙运动产生了政治民主和工业革命。工业和民主相交叉又产生了美国……【这是】一个精神胜利的故事，一场适时的竞赛，每一个参加赛跑的人把自由的火炬传给下一个人……如果历史顺应精神目标，那么所有那些呼吁这个目标的人因此都是预言了历史的人。[19]

　　换言之，那些没有历史的人，那些原始的、与外界隔离的人，按照普遍接受的观点，就可能没有精神目标。再有，他们自己的生活和命运可能就没有意义。因为从长远的观点来看，唯一积极的力量是独立发展的，正冲击着他们的文明。他们是被动的、惰性的、有待发现的。而沃尔夫则强调无论哪里的人民都掌握着自己的命运，他们不仅是受动者，也是媒介。

因此，沃尔夫的多样性的观点是强调人民或者国民之间的关系：

> 本书的中心立意是，人类世界构成了一个多元体，即一个相互联系的进程的整体，并探寻将整体分解成碎片，然后未能将这些碎片重新拼成虚假的现实。像"民族""社会"和"文化"这样的概念说明不了太多问题，反而有把名称变成现实的危险。只有把这些名称理解成一组关系，放回到它们被抽出来的地方，我们才有希望避免得出错误的推断，增强我们的相互理解。[20]

与本尼迪克特的大弧相比，这一关于多样化的观点既提出不同的焦点，又要求更敏锐的辨别力。所谓焦点的变化就是焦点从文化和科学的中心转移到边缘，转移到文化之间、社会之间的关系上；也就是从对于文化和社会的特点多少有点静止的描述，转变到对其发展过程的动态的描述上。比如，沃尔夫把"社会"界定为"社会群体、阶层和阶级变换的组合，既无固定的界限，又无稳定的内在结构"。[21] 这不同于拉德克利夫-布朗对于社会的看法。依照他的观点，社会不是静物，而是一个事件，或是一连串事件。沃尔夫以同样的方法分析文化。他说文化是"一系列创造、再创造和分解文化素材的过程（比如社会价值或者划分世界范畴的方式）"。如果我们认为本尼迪克特的形象比喻是受到在博物馆参观一系列展品的经验的启发，沃尔夫的比喻则更像电影，是一个影迷的比喻。

沃尔夫精辟的分析牵涉到一个分解和再组合的过程。他并不马上摈弃老的术语，而是把这些术语当成一种工具，或者更确切地说，当作完成产品的一个阶段，成品就是理解。一方面，把一个活跃的制度分解开，看看每个社会或者每种文化是如何运作的，这很重要。这就是为什么沃尔夫和我这里所采取的观点并不排斥人类学家业已完成的民族志的工作的原因。但是，这一拆散的阶段后面必须跟着再组织的过程，以便最终——他引用亚历山大·雷瑟（Alexander Lesser）的话来说——把社会看成是"开放的体系，与其他远近的团体纠缠在一起，进入网络般的联系"。[22]许多被人类学家拆开的社会还有待于被相应地重新组合，也就是显示这些社会是如何在我们更广阔的人类生活"网络般的联系"中出现、变化的。

于是，重新组合起来的制度，最终整个世界的制度，是一个关系的制度。沃尔夫是以特殊的方式来考虑关系的。这些关系拥有自身的力量。

关系使人类服从于他们的责任，把人们引入社会组合，又把方向性传授给已经产生的组合。关键性的关系……使人类行动有力量，为人类行动提供信息，并受到人类行动的推动。正如马克思所说，人们并不是在自己选择的条件下创造自己的历史，而是在关系和力量的约束下进行的，这些关系和力量支配着他们的意愿和欲望。[23]

我已经提到过沃尔夫曾用奴隶贸易的例子来说明他的观点。奴隶们肯定是受到了伤害，所有其他卷入奴隶制度的社会，从英国社会到美国社会，再到把其他非洲人贩卖给欧洲人的非洲奴贩，也都受到了影响。然而，每个人都可能经历这场贸易，其总的后果是一种超出任何人所能控制的力量产生出来的，这种力量以人与人之间的关系的形式存在：被捕获者与捕捉者之间、非洲奴隶贩子与欧洲奴隶贩子之间、贩奴者与美国种植园主之间的关系。事实上，这些迄今为止对于研究北大西洋社会的学者来说显而易见的关系，在非洲更具复杂性和关系的因果效应。这些关系催生了新的掠夺性、军事化的国家和专事捕捉奴隶的组织，也使得那些不具有这样的社会组织的社会成为受害者。长期以来，我们习惯于把大规模的变化归于技术，如枪支在非洲的使用。但是在诟病技术之前，我们得先看看使得枪支制造、获得和使用有意义的各种关系。枪没有奴役人，而是人利用枪奴役人。

我再折回到拉蒙那里。本尼迪克特敏锐地意识到拉蒙的困境给自己带来的烦恼，但她的人类学不能在严格意义上来描述或者理解他。以她的观点来看，他既不生活在这种文化中，也不生活在那种文化中；既不在这个社会里，也不在另一个社会里。因为她的思维模式是按照静止的整体而不是根据活动中的中间状态设计的。沃尔夫的思想则正适合于拉蒙的状况。他的想法有助于理解殖民的过程，把美洲土著印第安原住民简化成一种新的社会状态，在这种状态中，他们既是一个阶级，又是一个族群。沃尔夫能够描绘拉蒙是怎样进入新的关系的，就好像进入市场上的农业债务人和农产品销售者的关系。他还能描述拉蒙和他的美洲印第安同伴之间新型的社会关系是如何产生的。原则上他也可以说明新形式的基督教文化是如何与过去的巫教并存或者相当艰难地取而代之的，尽管事实上这是他书中最薄弱、研究最少的部分。

变异的生活

这是我们关于人类多样性观念是如何变化的故事的最后一部分。故事的含义是什么呢？第一层意思就是，人类生活是变异的。"变异"在这里是一个艺术术语，是指抓住人类经验的不断变化以及贯穿人类所有制度和关系的时间性。然而本尼迪克特和拉德克利夫-布朗的海贝说却忽略了时间性和可变性。这很具有讽刺意义，因为本尼迪克特所举例说明的文化多样性的概念是从头开始设计的，以确认人类是可变的，变化之大，远远超出了狭隘的自然选择的范围。但是她和与她持同样观点的人从一开始就排斥描述可变性的工作：文化的概念不但是无历史的，而且是反历史的。每一种文化都有自己形成的原因和保守的权力，给每一代人、每个可塑造的个人都打上特殊的烙印。其结果正像我曾经说过的，根据这种理论，"社会和文化模式具有一个决定性的特点，留给意愿、偶然事件、变化或者复杂的情形的余地很少。无论如何无论何时一切如故"。[24] 正如皮尔（J. D. Y. Peel）注意到的，这种无历史的观点"与社会是什么以及社会中人类经验的现实的概念是不一致的"，因为它"排除了变化、不完整性和潜在的可能性，排除了记忆和意图。一言以蔽之，排除了历史性"。[25]

第二层意思是沃尔夫所特别强调的：人类生活是有前因后果的，是构成因果关系的人与人之间的关系。莫里斯·戈德里耶的一段话把这一点阐述得简明扼要。我曾经引用过这段话的一部分："事实是：与其他社会动物相比，人类不光生活在关系中，还'为了生活而创造关系'。他们在生存过程中创造新的思维和行为方式，二者相互依赖并且依赖于周围的自然条件。因此他们创造文化和历史。"[26]

戈德里耶所强调的句子，即人类"为了生活而创造关系（或者用他的话来说，创造社会）"正符合我论点的中心思想。首先，这段话提供了一层物质含义，也就是说，人类不是通过个人，而是通过集体来获得生活资料的。这对于当代城市化的社会来说是不言而喻的。在这种社会里，人们为了所有的基本物质而相互依赖。但是这也适合于民族志记载的技术最简单的社会。"自足"从来不是说每个个人能够脱离与其他人的关系而生活，而是说一群人能够通过他们的共同努力而生活。

"为了生活"还有另一层更全面的意思。人们通过情感和智能方面的关系而生活。我们所学的话语只对教给我们这种语言的人和我们的交流对象有意义。我们学到的行为方式的价值只有在想到他人观点或者在想象到他人的观点时才有意义。换句话说，关系是文化的先决条件。

沃尔夫认为，关系是大范围运作的，也就是说，关系形成一个环境，形成生活的基本条件。因此，比如说，非洲掠夺性国家的奴隶贩子和奴隶本身都面对着一个人为制造的，然而又是他们所经历的现存的、不可避免的而且所有人都逃不出去的环境。也许饥荒是更好的例子。导致三百万人死亡的 1943 年大饥荒是人为制造的，而不是自然灾害。今天非洲大部分饥荒也具有同样的特点：战争、高昂的物价、人为制造的社会和经济环境的混乱影响了人们的正常生活，使他们很容易受到匮乏甚至饥荒的威胁。我在书中一直强调，相对自然而言，人类的因果关系是存在的，而且对于了解人类本性来说是非常重要的。

但是我还想证明人类关系又有小规模的细微的特点。继奴隶贸易之后，与这场贸易有着深远关联的人类世界的巨大变化是英国工业革命。西印度群岛和非洲出口的成品有助于刺激制造业的发展。顺着沃尔夫的思路，我们便可以谈到使得英国工业革命产生以及工人阶级发展起来的力量和条件，由此涉及人类生活中因果关系的独特阶段。这种因果关系的语言可能是非个人的，并且可能迫使人们谈论制度的变动或其他大模式。但是，如果人们不能履行工厂的工作中或者经工会调解后改进的此类工作中体现出来的新型关系，所有这些变化都不可能发生。人们不得不创造新制度，而且他们只有通过建立新的关系才能做到这一点。建立这些关系又需要建立相互间的共同观点、共同意图和共同理解——

或者误解。我想用"相互作用"这个词来定义这个细微的特点，即人类生活的共同创造的本性。

再提出问题

变异、互为因果关系、相互作用：这些特点与本尼迪克特和拉德克利夫-布朗勾勒的人类生活的特性相去甚远。这些特点也没有取代那些早先的思想，从而为他们带来进一步的细微区别。正如沃尔夫所说，这涉及分解和重新组合。如果本尼迪克特提到多样性的问题，提法也会是这样的：假设多种不同的、泾渭分明的传统文化存在，那么总体来说，什么是人类的本质？我们离不开独特的概念，因为自从她写作以来，世界史只证实了其特质，尽管她可能另有所期待。作为抢救美洲印第安人社会的人类学家，她力图恢复已被改变的社会和文化的原状，忘却了殖民地以前的历史。两代人以后的人类学家经历的则是新的文化和社会认同的创造与再创造，无论是在美国社会的少数民族人群当中，还是在其他国家当中。正如尤尔夫·汉纳尔斯（Ulf Hannerz）指出的："世界的体制与其说是创造全球范围的大规模的同质文化，不如说是以一种多样性代替另一种多样性；相对而言，新的多样性更多的是建筑在相互关系而不是自主性之上的。"[27]

因此，在分解人类生活长河以分辨独特性以后，我们必须在没有清晰的界线和不变的传统的情况下重组人类生活。我们必须提出的关于这些特殊动物的问题不仅使他们具有不同的生活方式、不同形式的关系，而且铸造了加入历史潮流的新形式。我们必须把这个问题：

　　既然存在着多种人类生活方式，那么人类通常的本性应该是怎样的？

用以下问题来取代：

　　既然存在着人类多种生活方式的创造、变异和再创造，那么人类通常的本性应该是怎样的？

　　我们原以为人类就是有文化的动物，所以回答第一个问题的时候说他们是聪明的、可塑造的、可教的动物，他们被动而顺从地服从传统的影响。现在我们看到人类还有主动性，他们还是有历史的动物。他们具有创造性，从根本上说是社会性的动物，在相互关系中并通过相互关系而生活，而且通过不断行动并相互作用来创造新的关系和新的生活方式。现在问题和答案都变得复杂多了。

第三章　开始创造历史

那么，是什么使得人类可以创造历史呢？加纳纳什·奥贝耶斯科尔（Gananath Obeyesekere）称之为本体论的问题，意思是这是一个关于究竟是什么状况、存在着什么，以及用他的话来说什么处于人类本性的"浑浊的底层"的问题。[1] 对于 19 世纪末20 世纪初的自然人类学家、弗朗兹·博厄斯的反对者们来说，种族是真实存在的。他们坚信不同人群之间智力和心理的区别（假设这是真的）是根深蒂固的。博厄斯和他的弟子们相当有效地摈弃了种族观念，并且提出一个不同的现实规划：人类的可塑性和文化。

我在这里提出另一种本体论，这是互助论的本体论，强调"社会性"，我暂时称之为复杂的社会行为能力。许多物种，特别是社会灵长类动物都有这种能力，但是自从我们参与变幻无穷而复杂的生活方式以来，人类的社会性更为显著。我这里的意图是不要像当初用文化取代完全不可信的种族的观念那样来取代文化的概念，而是要改变一下重点。总的来说，我认为处于关系中的个人和社会生活的相互作用比我们那些称为文化的东西更为重要、更为真实。根据文化论，人们的所作所为因文化而异；根据社会性理论，人们的所作所为都是与他人一起、为了他人、考虑到他人的，运用到我们可将其描述为文化的手段。

社会性的重要性部分源于其弥补文化观念中未能达到的愿望的能力。一方面，人类学家从一开始就强调文化是公众的，是共同分享的资源。在这个意义上，文化被认为是一种社会的事物。但是实际上，这一认可似乎尴尬地停留在半路上，还不能彻头彻尾地把社会性作为人类的属性来看，完全不能接受人类在开始时是互相关联的而不是与文化的抽象概念相关联的。

这是一个困扰着人类学和社会学的老问题。比如来看看当代文化人类学家克利福德·格尔茨（Clifford Geertz）的名言："人的神经系统不但能使人获得文化，如果它运行健全的话，它还积极要求人这样。"[2] 这里强调的是一个抽象的、理想化的个人与其他抽象概念即文化之间的关系，没有其他事物和其他人介入。两代人以前，社会学家和人类学家马塞尔·莫斯（Marcel Mauss）提出过一个类似的不完善的论述："集体的代表性（如文化）……的贡献如此之大……我们似乎有时要把所有这些对个人意识更高层次的调查为我们（社会学家）保存下来。"[3]

或许我们可以从 1958 年莱斯利·怀特（Leslie White）作为美国科学促进会人类学分会主席所发表的这段华丽的开幕辞中更能看出困难所在：

于是，（文化象征和意义上的）人建设了一个可以生活在其中的新世界。可以肯定，他仍旧踏遍地球，任风吹拂着面颊，聆听风在松林间呼啸。他饮泉止渴，在星光下入睡，醒来时望见旭日东升。但是，那不是同一个太阳！一切都变了。万物"沐浴在天光里"；每个人都掌握着"神灵的暗示"。水不仅只用于止渴；它可以使生命延续下去。一层文化的纱幕垂在人和自然之间，透过这层纱幕，人什么也看不见……渗透一切的是话语的精髓：是超出感觉的意义和价值。除去感觉之外，这些意义和价值支配着人，而且常常比感觉对人的作用更重要。[4]

照此说法，唯一有意义的、唯一真正的人类特性包括：（1）每个人自己；（2）物质世界；（3）那个非物质的世界，那层它们之间的纱幕是：文化。为了某些目的，也许把当下复杂的经验进行简化是合理的。这样的观点可以为心理学家所采纳，比如用以区分动物和人类的感知。但是如果我们重新恢复简化掉的部分，我们会发现更为错综复杂的情形：人生活在繁复的相互关系中，并且共同力求了解并操纵物质世界。按照这种观点，文化——或者法国社会学家所说的集体体现——在这些关系中并通过这些关系而存在，集体体现的意义不可能与关系相分离。

把文化或者集体体现看成是某种与人相关的对象也是不合理的。这种假设曾用于把文化体现置于突出的地位，使得我们能够较清晰地辨别不同的生活方式。但是，如果重建象征性真实的体现，一个更微妙的模式出现了：集体体现在人与人发生关系时便有意义，脱离这种关系就没有意义。重建的重要性在于提醒我们发生变化是很自然的事情，这是一种流动的、不稳定的、可解释又可被误解的现实社会环境；它具有经过艰苦努力而获得的延续性，伴随着有计划的和无意的变革。只要我们认为人类是服从于集体或者服从于虚无的精神活动的个体，这种人类历史反复证明的变化就会变得令人茫然而难以理解。根据更为彻底的社会学的观点，我们的着眼点应该是变化而不是永恒。

达尔文式的要求

现在我来阐述社会性演化的概念。我称之为"概念"是因为我不想把这些思想与人类进化的历史叙述中具体的时间和地点紧密联系起来。这部分是因为关于人类进化的目前有价值的直接的信息——大批来自化石和考古发现——过于肤浅，不能支撑这种叙述。目前我们很难根据骨骼和岩石来对微妙的社会行为和精神特征做出可靠的推断。但是还有其他依据，从灵长类动物学到认识心理学的较为间接的依据。这些依据也需要大量的证据，但是至少有丰富多彩的优点。有人提出一个相对新的、与迄今为止处于主导地位的一个或者一些生物人类学观点很不同的关于人类进化的观点。

一般来说，我们不希望社会文化人类学的理解与生物学的理解一致或者相对应。博厄斯和与他同时代的自然人类学家之间的论争一直延续至今，得出了不同的结论，而且还会一直延续到21世纪。的确，美国文化人类学集体认同的形成——英国社会人类学只是紧跟其后——主要源于对人类行为生物和进化论的解释的彻底排斥。有关论争非常激烈，足以说明要想泰然自若、头脑清醒地书写或阅读这类东西有多难。

　　可是，我相信两种观点能有效地和解。我非常希望证明它们是能和解的，哪怕是坚持体无完肤的、不妥协的进化论的也许是相当令人惊悚的社会性的描述。乍一看，这种描述可能与我迄今为止所提出的人类相互关联性是完全不一致或者脱节的。挑战是使得关于器官、基因、人口和自然选择的生物学的语言与关于人、关系、社会、文化的语言相吻合并且超越历史。或者最好清楚而果断地表明——因为这正是关键——一种语言结束之时，正是另一种语言开始之时。换句话说，我主张在社会文化人类学和生物学之间的边界上签订一个新和约。因为演化的是我们创造历史的能力，这种能力一经产生，我们就能够在没有自然选择的参与下创造历史。

　　我从社会性这个词开始。我之所以用这个词，而没有用比如说主体间这样的词，是因为这个词已经被行为生物学家所应用。它实际上建立了两种语言之间的联系。的确，最初这个词好像很有社会学或者人类学的意味：比如说行为生物学家 E.O. 威尔逊（E.O.Wilson）列举了十种社会性的特点，例如群体的大小、凝聚力、布局划分、角色区分、人口分布以及其他五种特点。[5]以这种方式描述物种或者动物群的社会性就是描述其社会，尽管有很大的局限性。

我要做的是加强这个社会性的概念。一种选择可能使得这个概念更富于社会学的含义——比如我们可以强调在社会灵长类中，相互作用的性质和复杂性也很重要。但是我要选择相反的方向。我想使得这个概念更富于生物学的含义。我要证明这个社会性的观念还不够生物学，特别是不够达尔文主义。如果社会性有什么帮助，那肯定是给出一个严格的进化论的描述。描述如下：

> 社会性是个人有机体中体现出来的遗传的一个或几个特征，最终与他们所属的人群的基因频率有关。社会性是通过对那个群体进行自然选择而建立的。

首先要注意的是，这个解释使得这个词的生物学意义模糊不清——或者更加强了已经存在的模糊性。通常人们会说加拿大的狼群与西班牙的狼群的社会性，或者野外的黑猩猩与被捕获的黑猩猩的社会性不一样。这里社会性揭示的是一个群体或另一个群体中社会生活的特殊变体，由此认识到同一物种中不同群体可能具有不同的社会性。

但是生物学家也可能会说，某一物种（比如狮子）的社会性与另一物种（比如说是大象）的社会性是相对立的。尽管他可以承认每一种社会性的确都包含一系列可能性，不过每个物种的系列内容不一样，他还能理所当然地谈论不同物种之间的社会性不同。再有，既然在这种意义上社会性属于一个物种，那么它就应该是可以再生的。它应该具有某种遗传法则，能够在那个物种的群体行为中体现出来。这就是我在这里阐述的社会性的思想。按照我的理解，它合乎逻辑地伴随着已经存在的生物学的思想和实践。

我要进一步说明的是，如此定义的社会性已经演变了。用丹尼尔·布洛克的话来说就是："我们这章里会有新的东西，就像以前（自然史）的每一章都有新东西一样。"与我们关系最密切的章节是关于社会灵长类的，它们的社会性形态与其他社会哺乳动物相比非常复杂，在许多方面与我们的非常相像。所以最好把"新东西"看成是与黑猩猩、倭黑猩猩、大猩猩、狒狒等的社会性不同的东西。当然，这些同类与其说是我们的祖先，不如说是我们的表亲。它们的社会性在自己的谱系中演变。因此我们所掌握的关于我们存在之前的篇章的知识是间接的，是经过推断得来的。

达尔文的生物学提供了进化可能产生的不同方式。但是我想，像如此丰富、完善的人类社会性的产生只能是自然选择的结果。换句话说，它不可能在像基因游离或者简单的变异这种非常随意的进化过程中产生。那么问题是，既然人类和他们的近亲那么相像，人类的社会性具有什么明显的经过选择的优势呢？

生物进化论也摆出了一个我们必须采纳的回答这个问题的形式。答案必须表明为什么一个群体中具有这个特征的有机体更成功——在这种情况下，似乎更应该是具有一组特征。成功的标准很直截了当：群体的后代中应该有更多的人具有这些特征，不具这些特征的越来越少。既然我这里谈到的是形成较为复杂多样的社会生活的形式的能力，那么我提及在这样的群体中社会能力的增长是理所应当的。然而这种增长要伴随着有益的警告：从进化论的角度来看，这种能力的增长与另一物种的比如说是鼻子的长度或者睾丸的增长原则上没有什么区别。从进化论的论点来看，不必为我们是某一个物种而庆幸。

我再发一个有益的警示。进化论的词汇所体现的思想已经进入北大西洋社会的集体想象，发展得很糟糕，与严肃的生物学研究的应用相去甚远。这些思想启发了某种强烈的、强制性的和无法逃避的从病菌黑暗处涌出的有机力量，迫使我们做出非人道的行为。不是"魔鬼使然"，而是"我们的基因使然"。有些作者甚至把基因描写成我们体内的鬼魂，一直在操纵着我们。

但我这里展开的是另一幅图景，按照我的理解，它与达尔文理论的精髓更一致。社会性是一种能力，一种潜力。它只有在一个合适的环境里才能孕育、诞生、成熟和生长。基因本身只是这一过程的一部分。纵观整个过程，基因不完全构成一张蓝图，使得一个有机体看上去是一张有机体可能具有的潜力清单。它们的潜力可能在不同的环境里以不同的方式表现出来。承认这一点对于人类和其他社会动物来说的确如此，正是生物学家所运用的社会性的思想的根本所在。因为社会性被认为是相对可塑的，而不是固定的禀赋。

这种可塑性是进化论思想的基础，尤其是把进化论思想应用于人类，可塑性是最根本的。这种可塑性通过达尔文的理论与社会学和社会人类学思维方式之间的不同揭示出来：进化论不把人类作为人来看待，不把人类作为在社会环境中形成的、有责任的动因，而只是当作有机体。换句话说，进化论不声称对人类生活各方面的细节做出全面的解释。而且因为这种理论只把人类说成是有机体，它能与很不同的关于人类是在不同文化和社会历史背景中成型的概念和实践并存。

最后我来谈一下自然选择。正如埃利奥特·索伯（Elliott Sober）指出的，自然选择被恰如其分地视为一种对人群起作用的力量。[6] 所有这些力量的总和不是别的，就是环境，人群的每个有机体在这个环境中得以发展或者未能发展。当然在多数情况下，环境被认为是存在于群体之外的，由其他物种、土壤、水、气候等构成。但是在涉及社会动物的情况下，还有另一种日益重要的因素：社会环境本身。因为这样的社会群体内的有机体、其同类及其社会组织形式都包括了环境有生命力的部分。

下面是人类社会性演变的一些主要模式的梗概。最终点是最近被我们认识到的人类社会生活的变异：无论发生什么，都肯定与这个结果相符合。我们不一定是创造的王者，但是我们在创造。出发点是我们祖先原始血统中的社会性。我们不能直接辨别这种社会性，但是来自其他社会灵长类动物的证据丰富多样，为我们的推断提供了很好的依据。

基本草图

我的推理建筑在心理学家尼古拉斯·汉弗莱（Nicholas Humphrey）的理论上，他论证了人类和社会灵长类动物的社会智力——按我的说法即社会性——的首要地位。他的论点中的中心思想如下：

> 社会灵长类动物所创造和维护的制度的特性要求他们成为会推算的物种；他们必须能够考虑出他们自己行为的后果，别人可能有的行为，能够权衡利弊——在这一切进行的过程中，他们推算的依据是转瞬即逝、模糊不清并且易变的，这多少也是他们自己行为的后果。在这种情况下，"社会技能"与聪明才智交织在一起，这里最终所需的智能是最高层次的。[7]

汉弗莱认为与社会性相结合的才智的适应性优势并不有赖于技术发明。"即使在有最先进的技术的物种中（比如简·古德尔研究的贡布的黑猩猩），考查所检验的主要是知识而不是有想象力的推理。"技术或者是并非很有效的试错，或者是从他人那里学来的。他认为，技术的掌握首先说明不了多少技术智能，因为重点不在于技术发明，而在于成功地维持与长辈的关系上，技术是从这些长辈那里得到的。所以社会在一开始像一所"理工学校"一样运转，教授简单的生存技能。社会提供一个很长的依赖阶段，在这一阶段里青年们进行实验和学习，与他们的老师保持联系。既然这是一个有适应性优势的模式，儿童时代和很长一段成人时期的依赖性阶段里会有选择的压力。

但是由于年龄和相对地位的日益变化，不同的利益的复杂性也日益增加。

因此，这个阶段被置于"合议团体"内，以对应重大的政治纷争。为了自己的利益的同时还要遵守整个团体的健全最终所依赖的社会契约的条款，这需要非凡的理智（就这个词的书面意义亦就其通俗意义而言）。因此所有灵长类动物中具有最长的依赖期……具有社会中最复杂的亲属关系结构和最广泛的代际重叠的人类，应该比黑猩猩更聪明，而因为同样的原因黑猩猩比猴子更聪明，这都不是偶然的。[8]

要注意这里关键的思想是，社会智慧作为社会灵长类动物和社会原始人进化的前沿，与通过早期学校里的阅读和大众想象获得的智慧是截然不同的。这种获得的智慧里可以说包括了古希腊、欧洲和美国工业民主"精神胜利的故事"的序曲。这些序曲包括了人较为发达的大脑、分开的拇指、石斧和火的发明，然后凯旋般地发展到技术发明，直到个人使用电脑。但是根据汉弗莱的表述，我们想讲述一个很不一样的故事。能使得我们印象深刻的——如果有什么让我们印象深刻的——不是一大块硬件，而是通过电脑创建并交付到桌面上的、人与人之间无法计算的复杂的社会、政治和经济关系网络。

社会智能标志 II

汉弗莱的思想与人类进化、心理学、行为生态学、社会语言学、社会人类学甚至哲学等领域研究长河里的其他思想和谐地交融在一起。尽管已经有一些初露端倪的尝试，但目前几乎还不能确定人类社会性演变的更宽阔的生态环境。也还不可能有说服力地把人类智力和社会演变与（相对大量的）化石证据联系起来。《人类为什么有文化》的真正的故事，即把答案固定在一个特殊场合、特定时间内的故事，仍然是捉摸不定的，而且其中大部分会永远如此。然而，考虑到故事的开头和最后一章，一些步骤从逻辑上来说似乎是必要的。下面我试着把一些研究综合起来以探讨汉弗莱的见解。

社会与技术智能

汉弗莱强调社会与技术智能之间的区别。区别是有证据的。一种可能性是，技术智能可能是现存的，但或多或少只是社会智能的附属产品。因此托马斯·温（Thomas Wynn）曾经论证说现在的黑猩猩——假设至少和我们的祖先一样聪明——有制造出早期石器的才智。[9]它们显然不制造这样的工具，尽管它们偶然使用特定的工具，比如从土墩里吸食白蚁用的草叶或者砸核桃用的石头。这也许能使人想到在黑猩猩中高度发展的社会智能在它们演变的过程中的确更为重要。这也是汉弗莱用于人类演变的论据。

另一个可能性是，社会与技术智能是相关联的，那么社会智能的发展自然导致了技术智能的发展。于是哲学家丹尼尔·丹尼特（Daniel Dennett）论证，一种适用于理解人的推理形式对于应对物质世界不但有用，而且强有力。这就是说，社会智能包括人们有能力设想他人具有各种精神属性，如计划、态度、意图等。我们能在有限的范围内知道人在想什么：这不是什么神秘的成就，而是一种不断用于日常生活的能力，相当成功地捕捉到别人在计划什么，想什么。根据这种他称为"意图状态"的能力或者脑力结构，人当然或多或少具有理性的目的和态度，他们计划如何达到这些目的，他们的行动反映了他们的精神状态。[10]

丹尼特继而证明我们也可以采取他所说的"设计状态"，这时我们思考的是事情进展的技术性过程：如何共同达到一个目的、一个部件如何与另一个相匹配、如何成形、一部分如何使另一部分移动，等等。设计状态运作时并没有计划、意图或者态度。这应该是一种与纯粹的技术智能等同的精神状态。

关键是把许多经过设计状态设计过的事物拿来并通过意图状态进行描述是可能的。丹尼特证实，至少对我们来说意图状态尤其强大。我们对事物抱有意图或者计划时，尤其善于想象和理解事物，甚至物质。这当然不是说我们真的相信无生命的物质是有头脑的。比如我认识的一位做家具的木工总说木头"想要裂开"；我认识的一位画家说某种画"想要消散"，甚至"累了，想走了"。可是他们当然不是以为木头或者画是人。更确切地说，我们运用一种智能，最初集中在推算，"推算的依据是转瞬即逝、模糊不清且易变的"，以便做一些相对来说不那么困难的事情，从而掌握物质世界。这一主张为最近的心理学研究所证实，这项研究表明人类思想里会有一种"相互作用的倾向"。[11] 这就是说，我们推理时的确喜欢把无生命的世界想象得像人类或者动物一样，是按照会思想、会计划、会打算的物种的形象创造出来的。

社会性的选择优势

汉弗莱独特的论点强调，把技能一代一代传下去是社会性的主要优势。这是一条可行的线索，但是后来很少有学者顺着这条线索进行研究；他们更集中研究社会性和知识分享之间略微不同的用途。

有一种形式的知识比技术知识更基本且更重要，这就是关于环境的知识。或许是原始人发源地的东非热带大草原有一系列突出的特征：它提供食物的季节性很强，分布很广，集中在小片地区，掩藏得很隐蔽或者埋在土里。这里环境富饶，但是极富挑战性。在这样的环境里，景观的知识至关重要，获得和传播这样的知识会具有很大的选择优势。沿着这条思路得出的结论仍然是强调社会智能，因为它设想有一群更多、组织得更好的人，能够共同控制更为广阔的领土，想方设法分享或者交换食物。

从这个角度来看，分享知识不是唯一重要的。只要不断增长的社会性始终伴随着不断增长的劳动分工，劳动分工本身也可以产生有益的效果。假设交换食物的能力和意愿是有赖于社会性的，劳动分工能够通过分配粮秣的义务直接增强对于资源的开发。不仅仅是年纪大点的会像老师和向导那样行动，少年也可以在一群人中起到开拓者的作用，甚至儿童在婴儿护理和其他必要的活动中也可以起到显著的作用。我们发现有些特点在当代人群中分布很广。另外还可能从当今社会灵长类动物那里辨认出，建筑在不同年龄、不同性别、不同造诣和训练上的劳动分工是如何出现并持续下去的。

演变的齿轮

汉弗莱隐含的意思是，具有这种可以传授的、不断增长的劳动分工，加上如此庞大的原始人人群，本身就等于一个选择的力量。这是如何形成的？我想选择必须具备两个因素。首先，一群人的生态和社会史使得这群人在劳动分工中相对来说更复杂了。正如现代人和黑猩猩所显示出的那样，在人群之间的行动过程中或者人群之间的关系中，可能还会有进一步的复杂性。在这种社会环境中，任何个人都会有许多汉弗莱所说的"理智"。因为我们其实强调的是在日益复杂的社会环境中理解他人和成功地行动的能力。

第二，因为有些人的"理智"不断增长，其他人就得跟上。或者像伯恩和怀特恩所说的，"任何'游戏者'的马基雅维利式的技巧的增强，将在竞争与合作的相互关系中使得其他游戏者的技巧更娴熟"。[12] 因此我们可以捕捉到社会性选择的某种复杂性，也就是说一个有机体要面对两个截然不同的问题：其一，人群的形成是很复杂的；其二，在这个群体中，他人的行动能力比我们自己的行动能力或多或少更加成功。

"马基雅维利式的机智"很显然是强调在这样一种环境中欺骗和剥削他人的可能性。而且的确，其他灵长类动物社会智能最好的例证是他们互相欺骗（对彼此的想法有复杂的猜想）。这和自我利益的概念融为一体，这个概念是行为生物学从新古典经济学和占有性个人主义的政治理论那里借鉴来的：每个人的行为都关系到自己的既得利益。这些思想曾经是有用的，但是有一个缺陷，它模糊了人类社会性的基本事实。这些思想使得我们很难或者无法看到超越近亲关系的更好的合作可以使得一个有机体的利益与另一个有机体的利益相互补充。

近来许多作者都证明了进化论自我利益的狭隘观念是不必要且不可能的，特别是在社会灵长类动物那里。也许最有说服力的论点——针对"人都是自私的"这一基本的也是最令人惊异的假设——是社会理论家罗伯特·阿克塞尔罗德（Robert Axelrod）和生物学家威廉·汉密尔顿（William Hamilton）共同提出的。他们指出，合作可以在没有集中控制的人群中产生、持续和发展。[13]从根本上来说，倾向于合作但必要时会还击的有机体可以繁荣甚至取代不甚友善的动物，特别是如果这些动物在一段不确定的、相当长的时间里联系在一起。他们的理论可以有效地用于美国国会这样的微型有机体的演变，而且特别适用于社会灵长类动物。在这些物种中，个体动物特别明显地依赖于其环境的一个特征是它们成为一伙同伴。在这种情形下，成功和可靠的社会关系运作对于每一个动物来说或多或少都是至关重要的。

尽管我们可能认为，欺骗——或者用游戏理论语言来说"叛变"——自然是所有人的上策，但其实这只是一个枝节问题，是基本共识的出发点。对许多物种的田野考察不断显示，合作的策略，特别是利他主义是普遍流行的。这并不意味着在人类或者其他血统中无私的善意和乌托邦式的和谐占主导地位。宗派与联盟、忠诚与背叛似乎是我们远近历史中永恒的课题。挑战始终是"合理地"、相应地并且平和地对待近亲和其他人。

正如汉弗莱所设想的，原始人在进化过程中越来越复杂的社会性的产生必然是一个渐进的过程。这些群体慢慢编织自己的社会，通过与其他群体的关系来充实社会，根据其他物种的复杂性和他们所处的自然环境来改变社会。我们并不清楚不断增长的社会性演化的齿轮转动了多久（的确，它可能还在转动；这很难估量，因为其效果是以人类数十代、百代来计算的）。但是，只要这个过程持续下去，集体生活复杂性的增强就会伴随着社会性的每一次进展。进化齿轮的概念和共同进化的思想是一致的，后者是指有机体可能在环境中发生变化，这些变化自身不断加强，产生了一个积极反馈的循环。人类进化中唯一独特之处是人类社会的布局及其意想不到的结果本身成为一种选择的力量。

历史的创造

在这个过程中，我们能够辨认出的明显属于人类的人与人之间的关系产生了。不同的家庭和亲属结构、生产关系和长期的非亲属之间的交换关系、统治和政治权力以及通过话语操纵这一切的能力出现了。也就是说，每个人进入多种形式的关系并制造新的关系和生活方式的特殊的可塑性产生了。随着这些形式的出现，与之相关的因果关系也出现了：不仅是生态的因果关系，即所有有机体要承受的选择的力量，而且是明显的人类的社会、政治和经济的因果关系。这些动物可以说是释放到历史中去的。我逐渐揭示了莫里斯·戈德里耶的纲领性的陈述，现在我来摘录一整段：

> 【人类】在存在的过程中，发明了关于自身和周围自然的新的思维和行为方式。于是他们创造了文化，创造了历史（或者是大写的历史）。
>
> 当然，其他社会动物也是历史的产物，但这历史不是它

们创造的：这是……生存物演变的历史，是地球存在过程中出现的动物和生物的物种的历史……

这个事实很特殊，因为考虑到这一事实就牵涉到对自然和自然中的人的特性的演变的分析。其他一切都在此意义上，笼罩在其光影中。如果我们希望解释人类种族及其历史，发展自然科学或者人文科学，我们就只能把这个现实当成我们的出发点。[14]

正如人类学家和考古学家一再证明的，这种明显的人类社会因果关系在这种情况下所产生的社会分化比在工业城市化社会中小得多。例如已经有史前和当代狩猎、采集者中社会因果关系的记录，否则他们可能被认为主要受直接的物理环境影响。比如说当代澳大利亚土著人群体的大小及其结构，既适应个人之间的关系和群体之间的关系，也适应在艰苦环境中生活的要求。从牧人和农工那里也能得出类似的论证。另外，伟大而可怕的发明的出现——国王、金钱、写作、绘画、资本主义、民族主义——为社会因果关系提供了新的范围。也就是说，我们不但能创造新的社会生活方式，还能够创造新的因果关系形式。比如历史学家费尔南·布罗代尔就指出中世纪末意大利借贷手段的发明如何使得运用这种发明影响遥远的荷兰和德国的基本食品价格成为可能。现代世界当然更熟悉这种因果关系——全球范围令人难以琢磨并且强有力的金钱、资源流动以及遍及全球的影响，其目的在于使得一些人获利，但是也使得另一些人受到莫大的伤害。

三个故事

我将在下一章里进一步发掘在历史上留下标记的这些特殊动物的本性。但是现在，我先讲讲有关人类进化的竞争的故事来概括我到此为止的论述。其实，考虑到人类是双足动物等身体特征以及许多精神和行为特征，任何关于"人类是如何进化的"的全面描述都会是非常复杂的，结果可能是非常烦琐的，会使得那些希望在我们的达尔文主义历史里找到明了的精神含义的人非常失望。但是到目前为止，正如米西亚·蓝道（Misia Landau）所指出的，许多关于人类进化的思想相对简单易懂，只剩下一些直白的故事。[15]

这章里穿插的一个故事是关于技术智能演变的。这一直是人类进化观念的主题。比如这里是一个相对较晚的例子，是1965年生物人类学家菲利普·托比亚斯（Philip Tobias）用来描述关键事件的：

> 分布在非洲南方古猿【人类祖先】人群中，某些人或迟或早获得了超越最高的工具使用的前沿的心智……他们中的某些人或早或迟获得了一定数量和（或者）质量的脑力，能够用一个工具来制造另一个工具。开始的时候这也许只是孤立的偶一为之，但是如果这种能力显出足够的选择优势，这种能力就会普及……这样，一种新的重要的突变就发生了。石器制造……成为可行：新的、无限的可能性展现出来了。[16]

正像我所指出的，这样的小故事贯穿技术文明从古希腊到美国的发展进程。这是凯旋发展的前期，用粗浅的话说，相当于漫画家发明的火或车轮的形象。

第二个故事讲述了"意义"的突然发现，精神飞跃突破了动物到人的一道屏障。在莱斯利·怀特眼里，"一切都变了，万物'沐浴在神光里'，每个人都掌握'神灵的暗示'"。就像詹姆斯·雷切尔斯（James Rachels）最近提醒我们的，这个故事深深植根于我们自己的基督教历史中。达尔文的同代人、他伟大的对手威伯福斯主教（Bishop Wilberforce）写道："人具有的对于地球的至高无上的权力、讲话的能力、推理的天赋、自由意志和责任、人的堕落和救赎、圣子的再现、存在于内心的圣灵，所有这一切与堕落的粗野的本源概念水火不相容，人是按照上帝的想象创造出的。"[17]

基督教思想家德日进（Pierre Teilhard de Chardin）后来试图把技术智能演变的故事与这个人类特有的创造的观点结合起来。他同意人类确实进化了，但是他坚持认为存在着怀特所说的某种奇迹般的、从无意义到有意义的飞跃。

现在从表面上来看，技术发明和精神的故事好像是不一致的，是一种相当唯物主义的观念与宗教观念的对立。但其实这两种观念经常是齐头并进的。同年，托比亚斯赞许地引用德日进的话来解释技术智能：

正如德日进所指出的"演化直接作用于可塑性的大脑而忽视其他一切"。不定在什么地方，在兴奋的意识里，"一束火焰突然在特定的一点迸发出来，思想就产生了……"于是，尽管从非人类到人的解剖学上的飞跃是微不足道的，它却是标志着一个新领域即思维领域的诞生的变化。人类进入了"动物心理时代"。[18]

其实想一想，一个技术智能的故事与一个精神的故事如此协调并没有什么令人大惊小怪的。因为通向技术文明的过程经常伴随着启蒙和更高形式的精神。

我对这两个故事都没倾注太大的热情。这两个故事的确都很符合我讲述的互助性的故事。比如我并不否认技术成就的重要性。然而，按照汉弗莱的观点，我把它们附属于社会智能的发展。同样，在下一章里我承认人类语言里有些特殊的东西使得人类语言在智能上比迄今为止被描述的任何动物的沟通方式都要强得多，但是，我要强调，语言首先也依赖于早先社会智能和社会环境的建立，在这一环境里，语言的特殊技巧才得以发挥。用不着把它想象成不可言喻的火焰爆发，或者是使兽变成人的什么基本但神秘的量子的增加。

汉弗莱的故事和在他之前流传的说法之间有不少区别，但是根本的区别在于汉弗莱讲的故事是渐进的，其他故事则不是。他说明"我们这章里真正的新东西"是缓慢、平稳、无声无息、一步步地产生的。故事开始要上溯到灵长类动物，过渡到各种社会形式的家庭。我们的社会性对我们来说是最有意义的一种社会性，具有不寻常的转折，但它不是与其他社会性截然不同的社会性。

这一观点的一个结论就是人的本性的"浑浊的底层"与其他社会动物从根本上没有什么不一样的。正如达尔文指出的："人自负地以为自己是神干预下的杰作，我宁可谦卑地相信人是由动物创造的。"[19]这与人类特性的观点背道而驰，在北大西洋思想体系中根深蒂固，用不着在基督教中追根溯源。但是达尔文的观点和其他伟大的道德传统是一致的。如佛教和耆那教就认为一切有情感的存在，无论是人类还是动物，尽管具有不同的能力，但都是存在于同一道德立足点上的。在某种程度上刺激人类演变的故事不是骨骸、石器和习俗的发现，而是被接受的思想——就像詹姆斯·雷切尔斯令人折服地论证过的——那么我们可能最好接受一组不同的看法。[20]正像我们现在意识到的，把自己想象成其他动物和自然界的同类，道德和实际后果肯定是有利的。

在目前的情况下，渐进的社会智能演变的故事还有其他好处。这是很有可能的。它不依赖于什么极其神秘的事件。它引出一系列简明的问题，即使不是所有的问题都能得到回答。它留下空间让我们去思考我们的本性，发现把我们和我们曾经的样子或者和其他人现在的样子进行比较该有多么奇妙；它也给我们更多的机会去了解我们是怎么变成现在这样的。

第四章　解剖社会性

　　现在我要来详尽描述人类社会性的特点。论据来自对现存人类——包括对成人，更有成效的是对婴幼儿——和社会灵长类的研究。这里基本的策略是把人类与其他灵长类进行无论是明确的还是隐含的比较。这样的比较不能表明进化过程中发生的一切，但是可以生动地表明进化的结果和对于复杂的社会生活来说必要的心智能力。

　　心理学家在写到心智能力时，总是试图根据大脑是由孤立的部件构成的（现在流行的）这一假设出发，把一种心智与另一种区别开来。然而我不像心理学家那样来论证。我所描述的心智是完全不同的，而且最好将其视为与社交性重叠的领域。

主体间性

　　最广泛的圈子，即谈及社会性的最普遍的方式，是主体间性，是人类固有的相互约定和相互呼应的本能。一些本能是认知和智力的，一些是情感上的。但是在任何情况下，人类的特性和经验只能在人与人的关系中，并通过人与人的关系存在。帮助创立婴儿主体间性研究的科尔温·特里瓦尔森（Colwyn Trvarthen）与他的合作者卡特琳娜·洛果瑟提（Katerina Logotheti）是这样描写的：

> 我们现在有证据证明新生儿能够模仿人们的表情并且进入情感交流。一年以后，婴儿表现出分享目的和意义的特殊需要，并且学着怎样通过象征性的表情来表达想法。我们发现人类文化智力是建筑在大脑的参与或者主体间性之上的，这是任何其他物种都没有或者都不能获得的……早期心理学的发展阶段，即适应各种社会和道德原则传递的不同的养育方式揭示了普遍力量以及情感和交流的需要，这是正常的"社交"和"认知成长"的基础。[1]

杰罗姆·布鲁纳（Jerome Bruner）从婴儿的角度描述主体间性："婴儿达到目的的主要'工具'是另一个他熟悉的人。就此看来，人类的婴儿比任何类人猿似乎都更具有社会互动性，也许在同样程度上类人猿在新老世界的猴子中又更有社会互动性……总而言之，婴儿开始进入人类活动的世界。"[2]

有些陈述必须部分地依靠本体论——关于到底什么是人成长和发展过程中最真实、最重要的因素——的初步看法才能理解。

根据人类学家和心理学家在某种程度上认同的一个早期的观点，真实的个体包括个人及其与物质世界以及与人打交道的天生的能力，然后才有文化或者在这些基本存在之上学到的东西。然而这里的观点则完全不同。个人是存在的，但是我们只能在他们和其他个人的关系中理解他们。文化是在已经存在的构架上形成的，而且的确是与关系以及其他个人紧密相关的。

这个本体论，这个对于什么是基本的、什么是次要的相对评估是俄国心理学家维果茨基70年前坚信不疑地提出来的："儿童文化发展过程中的功能表现为两点，或者说是两方面的。首先是社会方面的，其次是心理上的。首先发生在人与人之间，属于相互心理的范畴，其次在儿童内心，属于内在心理的范畴。"[3]

然而，只是近年来心理学家们才共同努力来描述主体间性。比如说，特里瓦尔森和洛果瑟提概括了许多关于人类婴儿第一年的研究：

> 新生儿在刚10周大的时候就可以通过听和看"另一位"爱他们的人，通过感觉、身体接触和温柔的动作进行参与……婴儿与他们喜爱的陪伴着他们的人一起辨别方向、做出表情和移动。婴儿寻求目光接触，能够模仿眼睛和嘴巴的动作……这是最初的主体间性或者基本的人与人的相互意识……交流中产生的情感有益于婴儿大脑的发展，其存在证明婴儿心中有一个双重"自我＋其他"的组织，准备接触一个真实伴侣表达的感受。[4]

在后来的发展中，这些倾向引起的反应越来越受到照看方式的影响。儿童在玩耍时体验不同的关系以及关系中各种态度和事件的组合。换句话说，人生来就具有专心倾听和回应他人的本性。然后这种构架用于建造其他构架，也就是儿童社会特有的关系形式。

因此，从婴儿期开始，人被引导到其他人身上成为人类环境的重要特征。从演变的角度来看，这必然导致情感、认知和意向的变化，一种不断增长的对于同类的依赖、开放以及易受同类伤害的脆弱性。人类可以相互利用，他们的能力只有通过他人并且在社会环境中才得以发展和变化。社交能力可能是个人具有的，但是只能在人与人之间得以完善。

还有一种主体间性的进一步的含义关系到我们了解世界的方式。有些作者现在讲到人类思想时用"被扰乱的程序"这一术语。这里用不止一个程序中心（即不止一个大脑）的电脑作比喻，或者说是与其他电脑合作进行计算的电脑。同样，根据这一观点，我们每个人学的和用的远远超过了我们每个人脑子里的东西。

从某种意义上说这是显而易见的。我一开始就设想较大的一群人，有着较为复杂的劳动分工，能够比同样数量但互不相关的个人更有效地对付极不稳定的季节性的环境。群体中的人既利用自己的知识，又利用他人的知识。同样，我现在写作用的机器很复杂。我个人至少必须有些知识，但是我也得依靠别人。比如，我离不开会维护更复杂的机器的人，他们的工作就是掌握这些机器，保证我写东西不遇到电子故障，并且把我写的东西印出来。另外，要是机器出了毛病，我无能为力，需要一位专家。所以我依赖、接受其他人的知识。或者比如说程序在小范围内出了毛病，但是很严重，而且相互作用很大。我们可以想象驾驶舱里有一名驾驶员和一名与之合作的副驾驶员，在紧急状况下，在突发的高度复杂和有潜在生命危险的事件中，他们互相依靠对方的知识和信息。就更大范围内泛泛而谈，每个人所掌握的一个结构严谨的领域里的知识，比如说人类学，通过人类学家和其他人的眼光而存在，通过很不错的机构发表著作，以其他人类学家和其他人的努力——通常可能对于他们的思想是有用的——为基础。迈克尔·英尼斯（Michael Innes）所谓"考试合格类"可能是想象知识储备是个人的，但其实根本不是这样的。人文科学对这些基本思想内涵的发掘才刚起步。至少目前学者和研究人员还很难沿着这条思路考虑问题。

心灵感应

解决这个难题的一个办法是先把一个变异，即参与者的一种观点和信仰放在一边，集中精神观察另一种观点和信仰。对更高层次的意向感兴趣的心理学家和哲学家就是这么做的。意向性的概念始于这样一种前提：灵长类动物与人类为自己表述世界，而意向性只是意味着某种事态被思考，被认为是一种意图或表述的对象。这种表述从这样的句式中反映出来："麦克**以为**他还有钥匙"，或者"艾米**希望**她将看到祖母"，或者"伊丽莎白**料想**今天晚上路会很滑"。第一部分（"艾米希望"）表明接下来的是某人的表述。

这样的表达符合第一阶段的意向性。第二阶段的意向性是这样的："艾米**觉得**麦克**想**让她早饭时好好吃鸡蛋"；"伊丽莎白**怕**麦克**以为**她工作太辛苦"。这里，一个人表达另一个人的表述。比如，艾米为自己描述麦克的想象。这样的意向性还有很多。比如说，这里是进一步的意向性："我**相信**你**承认**我**认为**你**理解了**高度意向性是属于人们日常生活的。"高度意向性可以是非常复杂的，但是从原则上讲，不比石头剪刀布的游戏更复杂。关键是人们想到别人的时候总是以特定的方式，好像他们有和自己一样的思想、计划、雄心和知识。这就是丹尼特所说的"意向阶段"[5]，但这是一个绝顶的妙计，也就是表述相互所持的关于对方的观点和知识的可能性。安德鲁·怀特恩把高度意向阶段称为"心灵感应"[6]。只要我们意识到没有什么可以超出日常生活的，错误的经验是在所难免的，用这种方法来讨论这个问题是很恰当的。

文献翔实地记载了关于社会灵长类心灵感应的例子。[7]似乎连第三阶段的意向性——"我有一些她所描述的我关于她的描述的描述"——也可以是对于零碎观察的最好的解释，但是很难证实。这些主要是故意欺骗的例子，是指社会灵长类动物特征中马基雅维利式的一面。但是迄今为止，似乎其他类人猿动物一般来说显然不太可能具有这么复杂的表述世界的形式。

人类就是另一回事了。被开发得最好的一种人类心灵感应的用途也许就是谈话。正如哲学家保罗·格莱斯（Paul Grice）和乔纳森·本内特（Jonathan Benett）所指出的，人类循规蹈矩地把第三阶段的意向当作谈话所必须的轮流说话的基础。[8] 正像他们可能会指出的，**表达者**指望**听众**承认**表达者**指望**听众**做出这样或那样的回应。一方面，至少就迄今为止的发展来看，这种轮流说话最终取决于婴儿所特有的要被别人理解和要做出回答的原始欲望。另外，事实上许多对话可能相对来说是机械的。但是另一方面，参与广泛而复杂的对话的能力——特别是理智、恰当地用一种语言像成人一样参与对话——是指集中精力认真听取别人的观点和意向。许多人可能认为这是最起码的，但这仍然是件很难办到的事。

礼　貌

意向的概念相对来说是苍白的，但是它直接通向另一个人类生活的问题，确实是中心问题。按照这种方式，我们的自我意识以及"自我与他人"的意识都没那么强。下面这个人种学的例子和许多民族志例子一样，稍微做了点虚构。本和奈杰尔是同一办公室的同事，或许就在一所英国的大学里。他们从长走廊的两头迎面走来。尽管一开始他们在走廊两头时，本可能没看见奈杰尔，但是随着他们一步一步地接近，奈杰尔出现在本面前。然而本的意识并没有停留在此。如果本看到了奈杰尔，那么奈杰尔也一定看到了本，或者至少本的感觉是这样的。也许他隐隐约约感到不自在，觉得他今天不该穿这双可笑的圣诞袜子。当然了，奈杰尔也有相应的感觉，也许他告诉自己，他不喜欢本，但是他想尽可能保持和谐的关系。

他们越接近，就越意识到对方。如果本想给奈杰尔留下印象，从老远就招呼奈杰尔，那就显得太笨拙而幼稚了。或者这至少是本隐约的感觉。他持保留姿态。而奈杰尔，如果他迟迟不和本打招呼，那就显得太冷淡而不自然了，但是他很难勉强自己做出笑脸。就这样，他们越走越近，都意识到自己和对方，但是四处张望而不看对方。他们会不会试着互相搭理？

或者来看看这个伊沃·斯特雷克（Ivo Strecker）对埃塞俄比亚的哈马部落（Hammar）研究中相似的例子。

在哈马，一位造访者受到欢迎时，人们【对他人的需要了解】慢得出奇。其原因是，在哈马的社会组织中，每个小型家庭团体总是对其他团体处于戒备状态。于是欢迎只是在"既成事实"之后，也就是说，已经确定了客人要留下，要住下来，要吃饭，等等。那些不太相关的人能否有权享受好客还是个问题……一位男性客人来的时候，二话不说，先坐在他随时带着的小凳子上，大热天就坐在树荫下，清早或晚上则靠近藩篱坐下。这时住宅里似乎没人注意到他（顺便说一句，对一位欧洲访问者来说，这是挺让人恼火的经历，因为根据他所生长的文化环境，他指望他【明显的需要】立刻受到注意）。但是过一会儿，造访者就会注意到一位妇女开始在离他不近不远的地方扫地。这是让他知道他不会被怠慢的第一个信息。如果他来只是为了些小事，他这会儿就起来，要口水喝，要求和什么人说说迷途的羔羊或者说点他想起来的别的什么。这样说明他并不打算被邀请待上一段时间，主人现在也就知道不会殷勤地邀请他，他也就避免了拒绝邀请，这会是一种（侮辱）。然而如果他想留下来，他只要接着安静地等着下一个信息，可能是这女人会在她刚打扫过的地方铺上一张牛皮。她向他点点头，他脱掉拖鞋，在牛皮上坐下，在牛皮上再等一会儿，最后欢迎总算开始了。住宅里的男人一个一个懒懒散散地遛达到客人待的地方。每个人都离他不远不近地坐在自己的凳子上，过一会儿便跟他搭讪。[9]

这些例子表面上看来微不足道，但实际上事关重大。因为正是这些小事说明人类生活中使人类不同于其他社会灵长类的决定性因素。每天会遇到这类事情，人们会经常感到不舒服或者骄傲，没有安全感或者信赖，感受到完全与某一地方的人类社会性相应的各种感情和态度。哈马人可能相互之间**尽义务**，也可能**不尽义务**；可能互相**扶持**，也可能互相**制造障碍**。奈杰尔可能**辱**

骂本，也可能恭维他。本可能让奈杰尔吃惊，也可能在奈杰尔面前屈尊。在任何情况下，人们的需要和希望得到的不马上是物质的，而是和"面子"相关的，用欧文·戈夫曼（Erving Goffman）的话来说，他们的自我意识是与他人相关的。

恭维和辱骂也许是，或者尤其是非物质性的。然而这些事件，这些真实的事件可能会具有长时间的效果：情形可能发展成友谊，如果奈杰尔不放松脸部表情，他们也可能在办公室暗中结仇。在哈马，可能会发生更严重的事情。可能事出有因——比如说一句辱骂——这件事没有马上给双方带来直接的物质损失，没有给双方的生活或者健康状况带来直接的损害，也没给他们再生产的成功带来明显的恶果。正如佩内洛普·布朗（Penelope Brown）和史蒂文·列文森（Steven Levinson）所指出的，这些严重的后果说明礼貌与不礼貌消耗了人多少精力。[10] 这是因为人类很微妙地互相协调，并在与他人的关系中以及相互作用的严密网络中进行自我调节。保全还是摧毁这张网，是件吸引注意力并绝对重要的事情。

教学法与审美观

于是学习一个地方的社交——如何欢迎、如何告别，如何既不伤他们的"面子"又不满足他们的要求——是人类成熟的关键。心理学家大卫·普雷马克（David Premack）证明人类在教育需求方面有一个特点，一个他称之为"教学法"的特点。教学法源于对自我和他人的意识，但是它还有一个特殊的倾向：这是一系列能力，一个人运用这种能力"观察别人，根据某些标准评判他或她，引导初学者按照（那个）标准行事"。[11] 普雷马克指出，我们认为黑猩猩具有的传授物质技术的认知能力不是严格意义上的教学法，而是模仿性的学习，尽管是高水平的模仿。黑猩猩实行某种形式的训练，但是这种训练不包括审美标准。普雷马克很注意区分训练和教学法。在黑猩猩的训练中，总有给训练者直接回报，因为初学者被训练为训练者服务。

相比之下，成熟的人类教学法则假设，首先，培训的投入不是能马上得到回报的；其次，教学法包括了微妙的审美标准，能够判断什么是好的表现，无论是社会技能还是技术；第三，它还要体现出教学者能力和初学者能力之间的区别，这是高级阶段的意向性。

教学法所得到的延缓回报用达尔文的观点来看是其最惊人的特点，因为它完成了进化论生物学家约翰·梅纳德·史密斯（John Maynard Smith）塑造的"社会契约博弈"："我希望（合作）；如果他人（背信弃义），我会联合别人惩罚他；如果有人不加入惩罚，我认为这也相当于（背信弃义）。"[12] 梅纳德·史密斯认为只有人类有这样的策略，用普雷马克的话来说，他们可以根据审美标准评价行为。但是社会契约博弈只是在功能上相当于教育法，因为"惩罚"和"加入惩罚"主要是在年轻人成长过程中实施的教育法，而不是在已经成型的成年人中进行的。再有，儿童和成年人对别人的强烈的感情依赖使得这种无私的特点更容易理解，而且其力量比博弈理论惯用语更具说服力。

用普雷马克的话来说，教学法的效果取决于人类具有传授"审美标准"的能力。在人类中，这种标准一开始用于人与人之间的互动，因为这是我们作为一个物种首要的——如果不是终了的——兴趣所在。审美标准尤其是相互作用的。

把审美标准的概念解释成一种较为通俗的思想，比如社会规则或道德，或者就叫作文化，很有诱惑力。但是我认为抵制这一诱惑是很重要的。因为其他术语可能传达一种不贴切的确定性或者预测。最好把一种审美标准看成基本上是灵活的，要求一些判断和想象。审美标准决定实际行动：无论它们是什么样的，反正不像是一幅要遵循的蓝图或者一项计算机规则。如果审美标准不是灵活的，不能接受新的标准和感受，那就没有历史：我们不得不一而再再而三地重复同样的行为模式。

在当代民族志里可以看到这种不确定性的证据。比如说，罗萨尔多（Rosaldo）在她关于菲律宾的伊隆戈人（Ilongot）的手稿里把我所说的审美标准说成是"根据情感而定的主题和形象"，它"为伊隆戈人的所作所为提供了合理性，使得他们得以随着时间的推移看到人们出于或多或少熟悉的原因，以或多或少熟悉的方式行动"。[13] 这里"或多或少"的意思正说明主题和形象本身是无能为力的，但是使得人们得以在特定情形下运用这些主题和形象解释他们的相互关系。

爱德华·希弗林（Edward Schieffelin）在谈到巴布亚新几

内亚的卡卢利人（Kaluli）的时候，得出过相应的观点。他称之为"文化场景"，证明人们如何"使得现实变为可理解的形式"。[14] 希弗林强烈感受到根据审美标准劳作的人类能动性，他们通过感觉如何恰当、如何不恰当来改善他们之间的互动。根据他的说法，不难看出这样的标准从根本上是灵活的。比如，在卡卢利人那里盛行的吉萨罗（Gisaro）仪式是他们前不久才学到的。然而这种仪式在相对较短的时间里便普及了，并且对于当今卡卢利人的生活方式非常重要，这并不足为奇。不确定的审美标准的概念使人们可以做出粗略的判断和创新以及有所变化的重复，这些都体现在这样的历史和文化变迁当中。

当然了，我们也传授和学习其他东西：制造箭头、编织、阅读、园艺、驾驶、吹笛子等。这些都不是社会审美标准。许多过程或者部分过程可能最好称为机械性，因为我们一旦学会了，就能不假思考地操作。机械性的创造使得人类因果关系新的形式产生了，比如过去对现在的作用，或者通过读写能远距离地对他人产生影响。但是虽然技术技能和机械性在人类发展史中很重要，它们的存在仍然离不开社会审美标准，这就好像——按照尼古拉斯·汉弗莱的理论——其他社会灵长类掌握的简单技术最终离不开可靠的社会关系。

其实我们还可以走得更远些，因为技艺和工具不仅存在于人与物质世界的关系中，而且是我们所从事的关系到他人活动的组成部分。亲爱的读者，这会儿你拿着的这件东西，这本书，是许多机械性、许多人与人、人与自然世界的关系的产物。但它也是许多社会关系的产物。它目前的目的、它的存在——或者说它的本体，在你手中是相互作用和具有社会性的，而不是物质性的：通过这本书，你关系到我，又超越我接触到了露丝·本尼迪克特和埃里克·沃尔夫，接触到了卡卢利人、伊隆戈人、哈马人、本和奈杰尔，也许还有你自己。

创造性和不断翻新的重复

正像我注意到的，审美标准的不确定性，其变动的、不断重新解释的而不是严密控制、事先规划好的基本性质，对发明和创造起着至关重要的作用。这个观点已经包含在汉弗莱的理论里。他把社会比作学校时，用了算术或者考试的比喻，于是社会智能的运作好比计算。但是他写到变幻的社会环境中非常复杂的生活时，又回到了像创造性和想象力这样的字眼。心理学家西尔维亚·斯克里布纳（Sylvia Scribner）也同样写过："【实际想法】表层的下面是延续的创造性的行动——发明处理新老问题的新方法。"[15] 她考虑到目的明确的工作的组织过程中相对简单的社会和技术问题，但是社会提供的机会丰富得多，也远没那么明确，人们必须建立关系，社交能力也必须相应地更具创造性。

人显然既有创造力又关心把事情做好的一种方式是考虑最近发生的事件，讲述真实发生的事情。在这种情况下，正如罗萨尔多描写伊隆戈人时所说的那样，这不仅是如何实施"示意图程序"问题，而且还在于使用关联链和图像来说明哪些（事件和动机）可以与哪些（事件和动机）合理地联系在一起。[16]"合理"的力量在这里不只是一条叙事线索，不只是说一种鉴别真实情况的叙述是可能的、千真万确的，因此在任何特殊情况下，联想和创造性的关联可能采取多种形式中的一种。

创造性是一个特别强有力的词，但是按我这里的意思，这个词关系到别人，关系到人们努力理解他们之间复杂的相互作用的经验时的认知行为。不光是汉弗莱的"推算"，解释、估计和干预也可能与创造性属于同一范畴。因此其中一个思想是人类沟通的新概念，这一思想引导我们发现我称之为社交性的特点。按照旧模式：我首先想到我的思想，把它们用词句包裹起来，通过我的嘴传送出去，产生振动传到你的耳朵里，然后进入你的大脑，这时你把我的思想从字句的包装里取出来。

按照新的互助论的模式，甚至日常的行动、每天的话语都包含了解释与参与的关键步骤。根据这种模式，两个对话者尽量互相让对方确信他们在对话，他们在说同一件事，希望听听对方在说什么。按格莱斯的说法，表达者和听者必须建立一种关系。表达者在表达，但是他实际上做的是另一件事：他正在把他的话置于公众的领域，听众也得做一次飞跃来暗示、解释他们与之前谈话内容的关系：他们是重要的、他们被吸引了、他们想说什么，等等。

一方面具有解释、评估、推理甚至创造力的感觉，另一方面是真正的交流的意义，这在俄国哲学家米哈伊尔·巴赫金

（Mikhail Bakhtin）所举的生动的例子中体现出来：

两个人坐在一个房间里，沉默不语。过一会儿，一个说了声"呦"，另一个不回答。

对我们外人来说，整个这场"谈话"简直无法理解……然而，两个人这场特殊的只有一个字——尽管确切地说只是一个单音节的表达——（俄文 tak）意思却很清楚、有意义而且完整。

要展开这场谈话的意义和意思，我们必须对此进行分析。但到底什么是我们分析的对象呢？无论我们如何努力在表达者的纯词语部分作文章（比如无论我们怎么打开意思的字词包装），我们还是不能更进一步地理解整个谈话。

……那么我们缺的是什么呢？我们所缺少的是"谈话以外的背景"，这个背景使得"呦"这个字对听者说来是个有意思的惯用语（我们缺少的是他们俩都知道的事和他们互相所知道的对方的事）。谈话时，他们都朝窗口看，**看到**开始下雪了；**两人都知道**已经是五月，春天早该来了……**他们都盼望着春天**，这场晚雪使他们**都挺失望**。表达直接依赖于"共同看到的"（窗外的雪花），"共同知道的"（一年里的时节——五月）和"一致的评价"（厌倦了冬天，盼望春天），所有这一切都是这种表达真正的、活生生的含义……然而所有这些都没有用词语详细说明和明确表达。雪花留在窗外，时间写在日历上，评价在（对话者）心里。然而所有这一切都用一个"呦"概括了。[17]

体会日常的创造性的一种方法像是做游戏，这是想象、联想、感觉、象征性的标记和它们的关系的游戏。这就像可能在音乐、数学或者神话或者雕塑艺术中找到的那种感觉。关键在于游戏不是毫无意义的。因为，首先，象征的游戏就像数学游戏，它们之间的关系、意义可以引导出了不起的发现、可在主体间验证的思想和主张。其次，游戏可能是很严肃的：儿童牙牙学语时，字和声的游戏"不只"是游戏，而是在用构成语言的素材做实验和练习。

正如侯世达（Douglas Hostadter）令人信服的解释，这里的基本模式是根据一个主题进行变异，就像是一个四岁孩子的节律和音韵模式，还有像音乐中不断变换的重复，比如说巴赫的曲子，根据一个可以听得出来的主题变换。这种创造性不是从无到有的创造，而是根据已经存在的结构在扩展。所以创造性总是在事物真实的存在方式附近徘徊，侯世达把这比作一个"滑移过程"，从"是什么样的"滑向"大概是什么样的"。他举了下面的例子来说明他所谓的平常但是很能说明问题的日常滑移：

一个夏天的晚上，在一间拥挤的咖啡馆里，一位男士和一位女士进来的时候，我无意中听到【下面关于一个主题的不同的说法】他对她说："我真庆幸今天晚上我不是这儿的女服务员！"这是关于已经给出的主题的最好的虚拟式说法——但是【与实验和有意的滑移性不同】，这个滑动是没有外界推动的，比起这个不经意做出的评论，【有意的滑移】明显平淡无奇了。他的同伴并没有认为这个评论有什么特殊的聪明或者独到之处。她只是同意这个想法，说了句"是的"。

我觉得这个例子相当有趣，而且很刺激。你要是试着分析一下，乍一想，作为听者，这迫使你想象在破纪录的时间内完成的变性手术。但是你只要**懂得**这个评论，你会发现其实说话的人的脑子里没有产生这一奇怪的想象。他的评论是更具有比喻性的，抽象得多，是建立在对当时状况的观察上的，是一种"谢天谢地"的感觉，这种感觉引起一瞬间的想法，"只是因为我是人，我能设身处地地替那位匆匆忙忙的女侍者想想——于是**我可能就是**那位女侍者。"无论合不合逻辑，这是我们的思维方式。[18]

比这更进一步，我们可以说那位男士了解情况，而且我们能证明他了解，因为他做了这个滑移，这个轻微的但是关键的、从是什么到可能会是什么的滑移。滑移就是理解。

下一步很短但是必不可少，这就是从惯常情形下的习以为常的理解，到那些较为关键的步骤，也就是学习新主题，发现新变异。侯世达没有理由让我们相信他对这个人的理解是一个新发现。原则上第一个人第一次发现"谢天谢地"的感觉和第一百个人也没有区别。这里学习和理解其实是一回事。成人和孩子都从想象力和创造性——滑向——学习，特别是学习如何了解环境。移民劳工、俘虏和奴隶、结婚的男女、旅行者甚至人类学家都是这样的。有各种在一个新的社会里艰难起步，需要从无知和无能飞跃到理解的人。因此这个日常的创造性能够满足日常生活的需要，日常生活看上去总是一样的，但其实总是不同的；这种创造性可以满足进入生活的儿童的需要；可以满足陌生人的需要。

但是我们采取了这一步骤就不能避免另一个步骤。我最关心的是人类如何创造历史的问题。比如说，是什么使得他们在另一个社会里组成现有的社会的？答案一部分是：他们运用了使得任何人可以理解并处理新的、无先例的情况的同样的能力。这当然就是说新的形势的确出现了，我们的社会创造力所创造的共同生活会完全超出任何人的权限去控制这种形势并把它引导到令人熟悉的渠道中去。这一点隐含在马克斯·韦伯的"无法预料的后果"这句历久不衰的话里，我把这当成社会生活因果性和变异性的基础。所以创造历史时常是创造性地处理已经完成的变异，一种呈现为既成事实的变异。再有，变异的产生不是个人的变化，不是原子巨变，而是"一瞬间的、模糊和趋于变化的"一系列行动带来的，"绝不是某个人单独行动的结果"。我们又如何理解这一系列，如何想出回应的方法呢？只有通过主观能动的活动，把过去不存在但几乎存在的东西，变成现在肯定存在的东西。人们通过运用使他们理解并再创造已经存在的旧事物的创造性，创造了新事物、新的关系形式和新的共同生活的形式。

言语与故事

　　我最后来谈谈言语。我要强调我所关心的是言语而不是语言。20世纪法国语言学家索绪尔（Saussure）对二者进行了明确区分。他认为语言学的关注点是语言、抽象的精神结构、词汇中字词之间的关系以及句型中词类之间的关系。这种抽象性也许在一定程度上能显示出在实际言语的混乱的现实中不那么容易被发现的明晰和确定。

　　在20世纪大部分时间里，这种关于言语的观点处于主导地位，也就是把言语当作广泛而纯粹形式的体系、当作语言来研究，近年来，颇有影响的语言学家诺姆·乔姆斯基（Noam Chomsky）甚至论证语言知识与其他知识有很大不同。它可以作为一个特定的语法规则系统，最终是人类每个人生来具备的根深蒂固的机制。这种深层的结构存在于任何语言的实际语法的表层结构之下。他还论证，与学习复杂语言的速度相比，儿童学习其他技能较慢正显示了这种机制的存在。他给这种遗传的精神机制起了个名称叫"语言获得装置"（Language Acquisition Device），简称LAD。

　　但是许多我曾针对其他文化的概念的指责同样也可以用于反驳LAD的思想。这一概念从根本上是非社会和个人化的，没有注意到人类的社会性。后来的研究者开始更多地从相互作用和社会的角度进行挖掘。比如在下面这个例子中，杰罗姆·布鲁纳仍然采用LAD的概念，但是把它置于不同的语境中：

在孩子说出第一个符合语法的词汇之前就开始学习语言了。它始于母亲和婴儿建立可预测的互动形式，可以充当交流并建构被分享的实的微观世界……（婴儿）没有独特的、预存的语言学习能力——近似于诺姆·乔姆斯基所说的"语言获得装置"——就不能完成语言获得阶段。但是没有成人帮助他进入过渡形式，婴儿的"语言获得装置"就不能运行。这种形式，一开始在成人的控制之下提供一个"语言获得援助系统"（Language Acquisition Support System，简称 LASS）……一句话，是 LAD 和 LASS 之间的相互作用使得婴儿进入语言社会，与此同时，通过语言进入文化成为可能。[19]

但是心理学家麦克尔·托马塞洛（Michael Tomasello）进一步发展了这个理论，而且开始抛弃特殊的 LAD 以及普遍和先天的语法的观念：

很显然语言和语言的获得关键依赖于感知的过程，即注意力、范畴化、学习、记忆和其他普遍的认知过程。但是大多数情况下，社会性——社会性的感知、社会性的关注、社会性的认知、社会性的学习——在获得有别于其他人类活动的语言的独特性时至关重要。一旦人类语言，特别是语法中特有的体系被认为属于这些社会／文化的技艺，语言的可学性……就不比获得其他文化技艺和规则更难以想象了。[20]

　　这个问题远没有解决。但是下面我要阐明与其他人一起互动、共同理解语法的能力和理解世界的能力是不可分开的。他们在一起就相当于言语。

　　言语因此是相互的，是主体间的活动，这一相互关系的中心是，人们通过言语给他人、为了他人、与他人一起、从他人方面着想做事。我们靠言语来许诺、威胁、提问、宣布、警告、让人放心和表示同意，等等。通过言语做关于人的工作、与人们一起工作可以在洽谈中看出来。首先，我们想象协商是某种状态。先是一个人知道，然后两个人都知道。当然了，如果奈杰尔同意本（现在变成他们努力欢迎对方，甚至停下来聊天），认为那是一个讨厌的、典型的英国天气，赞同中肯定有可靠的信息。但是其实信息不是关于物质世界的资料，比如说阴冷的雨是从西伯利亚飘来的。本和奈杰尔都没有想象对方除了心烦地注意到天气还有别的什么想法。一致的意见一开始就是一个第二阶段的意向性，肯定了他们都知道下雨了，也知道对方知道下雨了。当然了，我们又回到了巴赫金的"呦"，但是对话者没那么友好，要做更多的工作来和睦相处。其实信息和相互的行动没有停止。因为需要慢慢进一步相互了解：了解对方愿意聊聊，愿意表示友好，愿意为进一步交流打开局面。从某一个观点来看，这毫无疑问是信息，但是这种信息的素材是由关系构成的。所以从另一个观点来看，本和奈杰尔其实是一起在做对方的工作，而不是在琢磨相互所具有的气象知识。

在我们关于语言的思想的新近的历史中，这种"言语行为"——这是哲学家奥斯汀（Austin）和塞尔（Searle）的说法[21]——似乎从属于言语的首要功能，是内涵的外衣，是脱离现实、有代表性、描绘性、有主张的思想。根据这种关于交流的古老看法，思想是关于物质世界或真或假的主张，言语则用于包装这些思想。但是如果言语被认为是人类社会的组成部分，这种脱离现实的思想则似乎是言语一种特有的、独特的情况：即没有明确的对话者的描述形态的言语。这样的内在的言语，这种多少用词语进行的面对自己的思索，很可能是存在的而且深深植根于我们已经演变了的过去中。但是只有在经历了许多发展之后，这种言语才能显出规范化，显出一种内在语言的基本形式。我在《佛陀小传》一书中描写的一种发展针对的是普遍而不是特殊听众、是未来的普遍的言语方式的发明。这种脱离现实、表面上没有上下文的、抽象的哲学思想很明显分别是古代印度和希腊发明的。这种思想和实践后来又在社会关系的新形式中通过写作和绘画被赋予了新的生命，使得作家们可以为不知姓名的陌生人和子孙后代写作。

在信息量可能是最大的言语行为中，讲故事的过程最强烈地体现了为他人提供信息的同时也作用于他人。我这里说的讲故事可能是指一个微不足道的情形，比如一句什么话暗示了我妻子我今天的确去了银行。但它也可能是指《伊利亚特》的叙述或者《罗马帝国衰亡史》的写作和阅读。的确，讲故事是最强有力的人类活动，是为了懂得一系列行动中一个人自己和他人的心情、计划、信仰以及精神状态的变化。从这一角度来看，人类能够懂得社会环境的长期性和复杂性，懂得这个环境里的变化，而且还能超越这一切互相要求得到关于这一系列行动的信息和解释。这种叙事思维是社会性的中心，下一章我会专门讲这个问题。

复　原

我解剖的人类社会性的这些能力不一定是不可简化的，也涵盖不了人类的特殊能力。目前认知民族志学者和心理学家可能用于开发灵长类动物之间区别的工具也许要精致得多，也不那么包罗万象。然而我要证明人类学家的一个论点并推动这些能力共同工作，产生一个效果，即创造、保持和改变社会生活方式的力量。

这一章包括了我对"人如何有了历史"这一问题的基本答案。在下一章里，除某些部分外，我把生物学和心理学放在一边，来发掘一些社会性的内涵。我们来看看叙事思维，并且根据一个人们理解社会生活中的一场伟大变异活动的真实例子和人类学的特点来看看叙述思维是如何变成行动的。因为尽管人类学只是一个小主题，只是人类社会的一个注脚，它却必须依靠社会性的一个方面：想象别人的故事的能力，这些人一开始和你并没有什么关系。

第五章　阅读心智与阅读生活

　　心理学家杰罗姆·布鲁纳在《真正的心智，可能的世界》一书中指出了他所谓的范式和叙述模式之间的区别。范式是哲学、逻辑学、数学和物理等科学的范式，而叙述模式是关于人类的境况的。他注意到叙述模式不被人理解，他推测：

　　　　也许原因之一是，故事必须同时设计两幅场景。一幅是行动场景，这是由行动构成的：动机、意图或者目标、情境、工具，一些相当于"故事的法则"的东西。另一幅是意识场景：参与行动的人知道什么、想什么或者感觉到什么，或者不知道什么、没想什么或者没感觉到什么。这两幅场景是有根本区别的，这区别是，和尤卡丝塔上床的俄狄浦斯从报信人那里得知她是他母亲之前和之后的区别。[1]

　　我认为叙述模式和两幅场景的概念有很多潜在的意义。这些概念触及了人类想象、诠释和误解他人心智状态的能力的核心，并超越这一切针对更丰富的整个人类社会性。但是这些思想和其他我在本章里参照的思想也明显具有心理学的特性。它们回答了心理学上争论激烈的问题：什么是心智的本性？我其实认为人类学和心理学不像这句话可能给人的印象那样，是截然分开或者应该截然分开的。但是，我的确想指出，某种从心理学思想过渡到人类学思想的移动是必要的。这种移动很像埃里克·沃尔夫描写的分解和重新组合的移动。心理学思想把复杂的人类相互作用分解成容易研究的各部分，但是人类学需要把这些部件重新组成更符合复杂的人类社会和历史生活的东西。

在《真正的心智，可能的世界》里，布鲁纳主要关心的是意识的场景和成年人运用叙述的能力，特别是在文学中。詹妮特·奥斯汀顿（Janet Astington）从另一方面采纳了这个思想，她是从"叙述与儿童心智理论"方面着眼的。她确信儿童三至五岁之间的变化是很关键的，这时孩子们开始懂得了两种场景之间的区别，懂得了"什么是真的"和"什么是某人以为是真的"之间的区别，懂得了"纺织工知道织机上什么也没有"和"皇帝认为机器上一定有一件衣裳"之间的区别[2]。她从心智理论的角度来阐述这些问题，从心理学的角度来看，将视为儿童可以说自己形成的，关于自己和他人心智如何运作的通俗心理学，他们的心智理论。她的结论来自一个相当贫乏的实验环境，那里一个实验者负责一个最多两个孩子，给他们布置规定得很详细的任务。但是即使在封闭的环境里，孩子们的工作也暗示了更多东西。比如奥斯汀顿注意到，完全撇开其他附加信息不谈，如果把实验任务放在一个叙述框架里，孩子们就更容易理解。

我想这就是说叙述模式可能说明更多的东西，某些超出人们用来分析叙述理论或者能力的东西。我们通常可能想象这是一种特别的能力，即叙述性思维，一种人类区别于其他物种的特有的东西。心智阅读或者高级意向性对于叙述性思维来说是必要的基础，但这并非是事情的终结。因为叙述性思维提供了心智阅读更有力的形式。这种思维使得人类能够抓住一个较长远的过去并想象一个更为复杂的未来，还有更为多样的社会环境。叙述性思维使得人们懂得一系列复杂的行动，并且恰如其分地行动。换句话说，叙述性思维正是我们用于理解周围社会生活的过程。它直接支撑了使人类不同于他们的表兄弟——其他社会灵长类动物的更为发达和具有变动性的社会性。从这一角度来看，为了说明问题，像布鲁纳和奥斯汀顿那样把意识场景和行动场景分开可能不那么容易。因为在我们演变了的过去，同样在今后的历史中，行动场景和意识场景都是一系列现实的和特定的行为与精神后果的组成部分。

心理学家特里瓦尔森和洛果瑟提在描述儿童成长过程中的关键时期时，阐明了把这些巨大的能力重新组合并恢复到其生存环境的意义：

任何文化里，儿童三至五岁是发现更广泛合作的机会以及人类严酷的冲突和侵犯性一面的时期。他们一开始进行模仿和比较，然后**在戏剧性的叙述里想象所谓角色互补的真正合作**。在戏中喜爱和讨厌的感情强烈地表达出来。戏开场时，战斗可能变得残酷而激烈。友谊和反感在持续，但是接受谈判和变化。自信而快乐地分享经验和赋予其重要性的动机，取决于接受有利于达成协议的沟通技能的规则与实践。[3]（重点是我加的——作者注。）

这个特里瓦尔森和洛果瑟提描写的儿童世界是个更为复杂、危险和混乱的天地。这其实更符合人类社会生活，当然更像是成人能力必须适应的成人社会生活的门槛。想象出人们掌握关于他人的思想和信仰的理论也许是试图理解我们如何掌握社会复杂性的第一步。但是为了入戏，进入角色或者进入关于友谊和反感的讨论，儿童——毫无疑问，还有成人——必须建立一个比狭义的心智阅读所能提供的对社会环境更为世故的理解。

研究计划

在下面的清单里，我试着把人类学和心理学以及灵长类动物行为学的研究方案进行比较，以表达人类学家要进行重新组合和融合的愿望。我不想使得比较令人反感：心理学家和行为生物学家正在建立一个从简单到复杂的关于人类的观点，而人类学家则从复杂开始。然而，我要论证，只有考虑到复杂性时，人类大脑——或者更确切地说，人类的"思维方式"——的一些特点才会出现。

看看下面的"最初场景"。可以说这是决定什么对于哪个学科有意思的指示台：

一、一个普通人（具有理论或者心智模式）面对环境（比如说这个模式是动物实验的基础，或者是实验仪器工作的基础，而不是与他人互动）。

二、在狭小的时间范围内，在变化的社会环境中，普通人面对面，并面对他们所处的环境（这个较为社会性的环境在尼古拉斯·汉弗莱关于灵长类动物相互作用的观点和许多心智活动的理论的实验中很典型）。

三、在某一时期内，某一个共同的团体中不同年龄、性别和等级的人面对面，并面对物质环境（这是纵向的生态学研究的特点，如贡布或者阿尔汗姆动物园里的黑猩猩）。

四、在共同有着重要的文化传统和复杂的社会组织的团体里，基于有名有姓但是通过档案和（或者）社会地位的标志区分开来的各种类型的角色面对面并且面对物质世界（这是本尼迪克特和拉德克利夫的民族志的传统观点）。

五、在一个共同有着复杂的社会组织、漫长的历史、不确定的未来和循环的文化遗产的团体里，有着不同角色、有名有姓的个人相互关联并且与物质环境相关联（这是一种人类学家开始采取的历史性的民族志）。

六、上述第五点所列的人，在利益集团、种族团体和阶层中，面对变化中的整个社会和社会环境的力量，为了重新获得他们的（典型的角色的或者团体的）遗产，与其他人在一起，又与其他人作对（这是沃尔夫的民族志，是许多方面尚未完成的完全组合起来的图景）。

我当然是过于简单化了，但是这个清单可以在三个重点方面为我提供帮助。

首先，清单开始和最下面之间时间观念上的差别。比如说汉弗莱写道，社会原始人住在一个世界里，像我已经引用过的，那里"推算的依据是转瞬即逝、模糊不清并且易变的，尤其是他们自己行动的结果"。关键的字眼是"转瞬即逝"。这并不是像我一开始以为的一个没有时间的世界，而是说其时间上的视野狭窄，这个世界，至少就社会灵长类而言，不承受艰辛地企划未来的负担或者有着漫长记忆的过去。同样，关于心智理论的实验通常是十分短暂的行动。然而上述第四点，甚至第五、第六点中的研究类型有着较为广阔的时间观念，考虑到了人的一生和较长的几代人或者几个世纪家庭和其他组织的延续性或者间断性。

其次，清单的第一点的视野从社会角度来看很简单。这个层面阐述的实验性环境最多有三个角色：实验者、主体、可能还有的其他什么。甚至实验的故事也只有两个或者三个特点。另一方面，人类学家所研究的人类具有许多层次的社会多样性。在一个家庭或者小团体里，不同的亲属关系把人们区分开来：母亲、母亲的兄弟、祖父母和曾祖父母、女儿、堂兄弟和表兄弟。除去这些关系，经常牵涉到的同样这些人，还有其他社会、政治或者经济的区别：妇女和小姑娘、治疗师与病人、法官与原告、首领与村民、女王与臣民、主人与客人、顾客与生意人、主人与奴隶。

最后，时间和社会视角互相紧密包含。因为在这样的人类社会里，类型和特点的形成通常经历了一生中的一大部分时间：一位医生或治疗师要接受多年的培训；妇女为人妻之前要经过引导，按照社会标准进入懂事的年龄；一个农民的儿子只有随着年龄的增长，等到他父亲退下来或者去世之后才能继承父业。而且，这些逐渐形成的人的特征在相互解释的一系列事件中产生，这些事件超出人的生命周期，延伸到过去和未来。比如说农民的儿子获得产业是可以理解的，这是因为，也的确是由于他父亲的遗产、他父亲的父亲的遗产，等等。

这些事件包括表演行为——婚约、成人礼、学位授予、国王加冕，这是由改变个人或团体的地位的仪式和一种形式的词语构成的。我们只能在一个更广泛的社会和时间范围来完成和想象这些行为，比如在教堂、团体和大学里。在更宽广的进化视野中，如果我们思考这些角色与我们可能归因于另一种社会灵长类动物的角色有何不同，那么这种人类的特征就会突显出来。比如生态学家非常清楚"新移民的成年男性"的角色在其他灵长类动物里是很重要的。这样的角色以很多方式出现在我们中间：你们的团体任命了一位新首领；你们的地方诊所来了一位新移民的医生；一个新学徒在你们公司找到一份工作；一个新囚犯来到你们牢房。这种典型的人类活动只有在比我们的灵长类表兄弟的社会背景要宽阔而复杂得多的社会背景里才能理解，而且的确只能靠这样宽阔复杂的社会背景形成。

最终，有些其他更重大的事件可能不是独自运作的，但是它们无论如何创造了新的持续了很长时间的事物的状态和一系列特性。一场凶杀发生了，结下了世仇，于是要识别新的敌我关系。饥饿爆发了，整个地区的居民沦为难民和依附者。一个殖民强权到来，社会发生了翻天覆地的变化。

人类学家、社会学家和社会历史学家以一种方式想象这些事件及其发展，而牵涉在事件中的人则以另一种方式想象。不同的参与者有着理解活动的不同方式。但是我确信，人类有一种能力，可以使得他们有效地创造、理解并且在通过社会空间而非物质空间延伸的错综复杂的枝蔓中、在一个充斥事件而不是抽象的时段里行动。

叙述性思维

正是这种我称之为叙述性思维的能力，不仅能使人认识到自己与他人的直接关系，还能认识到相当长一段时间内的人类多方面的相互作用。我们可能说人类懂得人物，这体现了对自身和许多不同的人的权利、义务、希望、嗜好和意向的理解，而情节则体现了对各种行动的后果与评估的理解。所以叙述性思维不仅仅存在于讲故事时，而且它还是对错综复杂的行为和观点的理解。换一种说法，人类是在广阔的时间层面里领会所有进行中的行动的，在这个时间层面里，他们并不是把一切已知的行动领会成对谈话者或者自己即时精神状态的回应，而是当成展开故事的一部分［这后面的说法是借用保罗·哈里斯（Paul Harris）的］。

我这里把"情节"和"人物"用作艺术名词。我认为首先要广义地理解人物，因为人物必须同时包括个人的地位和作用——站在之前的关系的角度——以及个人特有的历史和习性。我们必须给抽象性留有一定的余地，使人能够被理解为是按照一系列普遍的义务和权利行动的：比如，律师对客户、国王对臣民或者母亲对儿女的义务和权利。但是与此同时要抓住属于一个人而不是另一个人的特性，是汉娜的而不是艾米的特性。我们不仅仅要了解祖父这类人，比如说他在家庭里的行为应该是什么样的，还希望知道他个人的习性：是性情温和还是暴躁、友善还是冷漠、聪明还是笨拙，等等。在这方面，人物的概念与社会哲学家阿尔弗雷德·舒茨（Alfred Scutz）的"类型"概念相近。[4]

我暂停一下来着重指出这个思想的重要之处。把关于普通社会作用的思想与关于个人性格的思想结合起来，这与社会和文化人类学以及社会学思想的传统做法是背道而驰的。个人的特点被抽象出来，扔出去，以便强调一般属性。但是如果我们要有这样的观念，即人们不能只是泛泛地理解事物，还要抓住特殊情况并且根据特殊情况行动，那么我们就需要有叙述性思维以便掌握如何应对超出日常情况的能力。我们需要知道在这场谈话中怎么对付这位别扭的同事，而不是我们所说的一般的同事。我想这是我主张并且以后还要进一步阐述的重新组合的意义的必然推论。

人物及其关系也被置于一系列事件以及有意义的计划、目标、形势、行为和结果之中。正如布鲁纳所指出的，叙述性思维关系到"意向和行动及其过程中的兴衰和后果"[5]。情节体现了某个人物或者某些人物为什么、为了另一个人或另一些人、或者针对另一个人或另一些人、与另一个人或一些人所做的一切，人们的观点、信仰和意向因此起了什么变化，后来又会发生什么。于是要理解一个情节，就要知道一些关于参与者思想深处发生的变化以及事件以外的背景。二者的确是不可分的，因为思想的变异引起社会关系的变异，反之也一样。

这种变异的产生是由于人们根据别人如何感觉、怎么想和如何计划而行动。我可能会感到抱歉，**因为她生气了**。或者我给她买了一本迈克尔·英尼斯的惊悚小说**因为她会喜欢**。在系里的会上我解释我为什么指出这点，**因为很显然我的同事误解了这一点**。政府可能改变政策，**因为**在某些问题上竞争对手在**计划**一场有效的竞选运动。许多，也许所有形式的法律都是基于将意图和知识归于那些被追责的人。战争中的行动是根据敌人想什么、或者相信什么、或者希望什么、或者计划什么而定的。不设想别人的意向和知识就很难想象日常生活中最基本的相互作用：比如，最简单的对话也是根据互相猜想对方的精神状态而进行的。

因此我们如果了解了一个情节，我们就懂得了心智和关系的变化，也就是行为带来的变化。再有，我们能够把行为、思想及其后果联系起来，使得我们能够抓住一系列行动中相互思想的变异和相互的地位。从这个观点来看，人物和情节是不可分的，因为人物只有在一系列行动中才向我们揭示出性格，我们才能了解人物，而且我们只能把情节理解为有着独特信仰和意向的人物行动的后果。人们用这种叙述性理解力，按照一种明了的方式，明智、有效、恰当地调整他们的行为，创造、再创造错综复杂的社会生活。

俄狄浦斯王

我用布鲁纳的例子《俄狄浦斯王》来阐明我的意思。一方面，或许没有比索福克勒斯的这部戏剧更能说明即刻和暂时简单的人类心智阅读能力和复杂性更好的例子了。一开始，戏就抓住了观众所得知的关于俄狄浦斯王乱伦和弑父的真实情况与俄狄浦斯在台上虚假的精神状态之间的区别。为了设置一个场景，以强调心智阅读在不同层级上展开，我们可以这么写：

我们**知道**俄狄浦斯【错误地】**以为**他是无罪的，他不是城邦祸害的根源。

甚至开始与苔瑞丝亚斯在台上时，俄狄浦斯不相信她对事情真相的预言。这时，这种布局更严密了，直到：

我们**知道**俄狄浦斯【错误地】**以为**苔瑞丝亚斯想**欺骗**他

和公民们；但是我们还**知道**苔瑞丝亚斯**知道**其实俄狄浦斯在**欺骗**自己。

索福克勒斯把无知和知道之间的相互影响推得更远，直到事情披露前，尤卡丝塔开始意识到事情的真相，乞求俄狄浦斯不要追根寻源："我求你——别再追究——我求你了，／如果你还珍惜自己的生命／我遭受痛苦就够了。"[6]

我们**抓住**尤卡丝塔**害怕**她可能**知道**俄狄浦斯**希望／害怕**牧人可能**知道**的关于俄狄浦斯出生的一切。

在这种情况下，我们甚至让尤卡丝塔审视自己的内心，让人担心她可能知道了什么。从这个角度看，这部戏是通过运用和操纵人的某些能力来完成的，即能够理解和追踪自己和他人内心的复杂状态。整部戏剧几乎是心智阅读构成的。此外，情节在很短的时间内完成，可能只有几个小时，几个人物，这使得剧情在时间顺序和社会关系上更接近实验者的简单性而非人类学家的复杂性。

但如果以为俄狄浦斯的故事仅限于心智阅读那就错了。叙述性思维当然是《俄狄浦斯王》中的组成部分，行动发生的更大范围确实涵盖了一个普通人的大部分生活。其中包括俄狄浦斯的父亲拉依尤斯与俄狄浦斯的母亲尤卡丝塔的结合、俄狄浦斯的诞生，他被放在山坡上又被救下来，拉依尤斯被俄狄浦斯谋杀，俄狄浦斯继承了王位，娶了尤卡丝塔并和她生了孩子。没有这一结构，暂短的心智阅读的戏剧就没有意义了。既然俄狄浦斯的故事预示了他的死亡和在卡洛诺斯山上被封神以及后来情节中忒拜城的命运，对于一位希腊听众来说，时间的外衣也延伸到未来。

因此，如果没有心智阅读就不能理解《俄狄浦斯王》。同样，如果不懂得国王和王后、丈夫和妻子、母亲和儿子的概念，没有人类生命跨度的概念及其适当的站点，没有制约和可能性约束着长期关系的概念，也不能理解《俄狄浦斯王》。如果对俄狄浦斯的特异性格没有概念，包括使他敢于面对斯芬克斯并破解谜底的智慧和英雄主义，也无法理解这出戏剧。如果我们不能想象俄狄浦斯立下婚约、或者加冕为王、或者尤卡丝塔合法地生下孩子这种地位的变化，我们同样抓不住情节。最后我想，如果没有身份，如果身份的变化、关系的改变、立场和信仰没有与更广泛的一整套发展中的叙事整体交织在一起，我们也无法理解剧情。如果事件的节奏和关系无论是在台上还是在更广义的背景下没有不可避免地导致这种结局，俄狄浦斯弄瞎双眼以及尤卡丝塔上吊自尽的命运就没有足够的理由。

这就是为什么把意识场景与行动场景分开最终是不可行的：因为故事与俄狄浦斯与他人的关系、人物的想法、感觉、相互的意向、公共事件以及这一切按照令人信服的顺序展开都是密不可分的。只有这一重新组合的整体，这种综合意识，才能解释观众对事件的理解或者角色本身在情节中的可信行为。

制造事件

　　然而，根据观众理解俄狄浦斯的模式来想象叙述性思维是误导。因为这个例子把叙述性思维作为一种有助于人类理解一个已成型、存在并且一成不变的社会的能力而置于一个被动的模子里。采取这种观点更有助于研究心智阅读或者叙述性思维，因为把社会环境看成是变动的、会引入很难对付的复杂性。但是以进化的眼光看问题，叙述性思维作为一种积极的能力也很重要，这是一种使人能够通过计划或方案塑造事件和社会的能力。我想，事实上，人类做计划并进行长期规划的能力从根本上与叙述性思维没什么不同。

　　一项计划可以是短期的，也可以是长期的。一项非常短期的计划，比如汉弗莱所做的，或者比较复杂的心理学实验，也许就可以被认为是狭义上的心智阅读的即刻的意向、信仰或者态度。本忙着用他的壶给他的同事奈杰尔倒一杯茶时的意向可能被奈杰尔带着高级阶段的意向性来理解。但是像一项长期计划，比如本想恳求奈杰尔帮助他来把安吉拉调离部门主任的位置，这只有通过抓住本的性格并用长期的眼光看问题才能看出来。只有在这时，本才能被理解为规划者，本的行动则显得像一场战役，而不是无规则的互动。更重要的是，本只有能够在相当长的阶段里把他的方案展开并且能够面对潮起潮落，才算得上是规划者。我们在读《麦克白》和《奥赛罗》而不是《俄狄浦斯王》时，人类生活的这一层面会更明显。

我来更仔细地看一下本的例子。一方面奈杰尔和本两方面都有较大成分的叙述性假设，这些假设很像使得观众理解俄狄浦斯的那些假设。本和奈杰尔都知道主任是什么人，学校有一个比较民主的制度意味着什么，于是一位主任是如何被选择或者被选举上的。更确切地说，他们把这些泛泛的假设和眼下的事情——主任在学校里的权力的增长和安吉拉被任命七年之久等等——联系起来。

再有，对本来说这还涉及一个更广阔的历史，他对自己和别人都这么说。安吉拉在本看来就是（比如说）人类学学科的不良和落后的影响。她把这个学科引向强调生物和进化的意义。本作为著名教授泽特古鲁伯忠实的学生，关注的是文化象征，而这个系正是泽特古鲁伯创立的，应当推进他的象征人类学的计划。本如果不能把人物和情节放在一起，他就不可能理解发生了什么，只能听之任之：如果他不能把自己理解为泽特古鲁伯的学生或者一直认为安吉拉是有害的影响。正是把安吉拉设定为泽特古鲁伯和他的弟子们的故事里的小人，才使他有了定位和方向。由于行动的发展和情况的变化，他可以根据叙述性的理解，或者根据由此产生和发展的新的、进一步的理解来确定方向。如果叙述性思维不能适应变化的形势，不能适应人类生活变异的特性，那么叙述性思维将是相当贫乏的。

还有个更细腻的故事，关注的是事件每天，甚至每小时的模式和这个范围内的行动。新主任选举会议是下个月。本的好朋友和同盟洛特同意本的看法，认为事情太离谱了，他们得改变系里的研究方向。他们必须赶快行动。他们不指望所有人都同意，但是有几个人可能争取过来，其中就有奈杰尔。本同意接触奈杰尔，而洛特去接触别人。实际上——现在我们回到本要给奈杰尔一杯茶——本不会提及他和洛特的谈话，因为爱挑剔的奈杰尔不完全赞同洛特，理由之一是她在系里开会时织毛衣。本会直截了当地对奈杰尔说，吸引他共同关注象征性人类学。那么现在本递给奈杰尔那杯茶，提到主任的问题时他很认真地看着奈杰尔的反应。本能够把他与奈杰尔谈话的过程和时间讲给洛特听。他们会以此来推测奈杰尔的倾向，并且决定下一步怎么办。到目前为止，事情按计划进行，即按叙述性意识进行。

还要注意，在这种情况下提供信息和获悉可能就等于做事情。假设奈杰尔对于本含糊其词地表达的他可能想支持的建议表现出出人意料的热情，情况就发生了转变。他们都知道本报名申请候选资格，现在离成为候选人又近了一步。本回到洛特那里时的前景与开始时可能完全不同了。在这种情况下，一种意识场景的变化——本知道奈杰尔同意以及奈杰尔知道本是愿意的——会成为行动场景的变化。行动也许对任何一方来说都是无意的，尽管这行动正符合本所展开的计划。

人类学家埃斯特·古迪（Esther Goody）建议我可以通过提出诊断性问题来理解这一叙述意识的活跃的特征：叙述理解在多大程度上发生在个人头脑中以及在多大程度上由社会行为构建？也许回答这个问题的最好方式是改变意象。我早些时候论证过人与人是在一张紧密并有反冲力的网络里相联系的。由于他们强烈的"自我与他人"的意识，一部分网络里的事件、感觉和知识影响着其他部分。当心理学家要解开这张网时，对网络的理解则存在于个人的精神里。但是由于这些理解是相互的、相对应的，它们不完全被认为是个人的现象，而存在于人与人之间或者主体间的本性之中。从这点来看，本和奈杰尔分享对方的知识是改变网络、将其推向新的状态的共同建构。当然了，如果本是候选人的消息震动了全系，这张网络还会发生更大的变化。那么，比如说本和安吉拉互相都知道他要反对她，要展示其他东西：主体间的叙述性理解可能会导致怎样的互不友好、互不赞同或互不接受。

　　我想错综复杂的网络概念还能起更多的作用。首先，本和奈杰尔的系里的每个人无论是否愿意都是这张网上的一部分：他们之间相呼应因为他们是**一个大学某个系的同事**，这个系有一位**主任**。这些是社会人类学家想分解的他们所处状况的典型特征。系里的成员有一个社会契约，虽然其实没人在上面签过字或者同意其中的内容。社会契约的内容根据系里成员之间每一次互动而更新或变化。就此而言，即使是对发生的一切茫然无知或者故意不参与，也算是对别人和自己的一种态度。这也使得这张网络颤动，引起微妙的变化。

　　但是——这是网络意象的另一个含义——团体、网络的相互联系并不是说有一个网络的故事而且其历史已经被讲述了。学者们至少可能像任何人一样往回看并且把事情描述得好像每个人的动机都是透明的，好像事情发展得很自然并且顺理成章。但是其实这样的故事只是片面的，是从一个角度、为了一个目的而讲述的。当时没有人能够得到会使得这个故事普遍正确或者绝对全面的信息，也没人在回顾时能说出这样的事情，也就是一个最终的故事。所有的故事实际上只是从某人的角度讲述的。许多不同的版本可能在某些点上是一致的，比如谁是现任主任。但是他们可能在其他问题上有很大分歧，比如谁是选举中最合适的候选人。一些故事可能比另一些更全面、更可理解。就我所知，本比奈杰尔知道得更多，奈杰尔永远不会意识到本和洛特之间的同谋关系。安吉拉讲的则是完全不同的版本。

扼要重述

因此我们不必认为叙述性思维是不会出错的，或者以为它产生一种规范的或者不带个人偏见的、正确而广为接受的叙述。我对叙述性所有的理解是它使人类能应对复杂性。他们只需互相意见一致并相互理解到能够或多或少互相信赖地一起工作的程度来保持社会的发展。当然，这经常被误解为永远让事情充满活力地发展。

创造一种人类观点使得他们超出按照文化程序行动的机器人，但是又不像无所不知、权限无穷、具有知识和威力并按照自己的意志制造社会网络的人，这是一种挑战。肯定存在着事物因果性的空间，使得事情的转变不受任何人意志的左右。为了阐述这些观点，我到目前为止使用的是根据经验虚构的故事，而不是一个民族志的故事。因为这能使我深入意识达不到的角落，现在我回到民族志。

第六章　公牛与圣人

在这一章里，我把故事置于它的情景中来讲述并解释。我在印度马哈拉施特拉邦戈尔哈布尔的耆那教徒中间做田野调查时遇到的这件事。我要做的一件事是从虚构转向实际发生的事，这比虚构有更多好处。孤立地来看这个故事，会使人受到很大震动，自从我第一次听到这个故事以来，它使我为此着迷了十来年。故事是关于一百多年前一位精神英雄人物的英雄行为，用生动的方式揭示了耆那教徒关于他们的宗教和有情众生的看法。这是民族志的珍宝，是那种民族志学者很乐意遇到并且心满意足地引用在他们书里的实例。

这是一个孤立的故事。但是讲故事的情境却能说明更多的问题。原因之一是，讲这个故事是因为一次微妙的争执，是一个关于如何介绍耆那教的论争。我以为，这样一个英雄主义的故事相当于几千字的抽象学说。然而，用杰罗姆·布鲁纳的术语，讲故事的人似乎在暗示叙述比推理优越，叙述性思维不光是一种可选择的形式，而且的确比范式思维好得多。这是下面的主题之一。

另一个原因是，真正的讲故事的情形似乎与故事本身紧密联系在一起。真实的情况是，一个特殊的人把故事讲给另一个特殊的人听，并加上一些严格说来原故事里没有的东西。这是另一个问题。的确，当我想到这个问题时，我意识到讲故事本身就是故事的组成部分，故事的意思则是讲述的一部分。如果我既不使两者互相拉扯，又不有损于整个故事的意思，我就不能解脱出来。因此，故事也受到讲述时在场的人的影响：被我，即陌生人和听者、叙述者还有其他牵涉在内的人所影响。

现在，在某种意义上，这似乎包含着相当令人眼花缭乱的含义。这是不是说一定要把诠释强加于人？是不是每一幅民族志的图景一定包括一位人类学家，把本来干干净净挺有意思的场景搞得乱七八糟的？在另一种意义上，这只是重复了我已经提出过的而且我相信是毫无例外的一点。在上一章里，我指出比如像本给洛特讲的关于他和奈杰尔会谈的故事，或者报信人给俄狄浦斯讲的故事，都是一系列行动的一部分。它们是个人之间和主体间的。每个故事无疑都具有一系列可能的意义，我们能够通过把故事写下来进行解析，然后输送给一屋子的语言学家。但是每个故事的真正意思直接与叙述者的关系网络有关。同样，如果我穿着撕破的衬衣，嘴角流着血冲进警察局，冲着前台的警官脱口而出一个颠三倒四的故事，说我在街上被人抢了，一系列的情节和情节的叙述之间没有不吻合的地方：情境和故事是同一回事。不光是颠三倒四以及也许是不完整的话，还有谁对谁在讲话也很有关系，就像一个俄国人对另一个说声"呦"一样有作用。

　　就此而言，我要讲的故事和上一章的故事没什么区别。这个故事和其他故事都与一个情节中的人物和他们的精神状态相关。这些都是我们为在一系列行动中审时度势所必须了解的事情，它们都需要叙述性思维。但是有一个关键性的区别。这个故事讲的不是，至少不明确是关于正在发生的一系列行动，而是关于一百年前的事。再有，正像我后来知道的，这是一个在戈尔哈布尔的耆那教徒中广为流传的故事。我发现在印刷品中这确实属于英雄传记的部分。就此而言，这个故事具有更普遍的特点。在其他情境中这个故事已经有而且还会有别的讲法或者写法和读法。这就把我们的注意力从情景中的故事转移到故事本身，好像一个被分解的情节或者一系列文字。在这种情况下，故事似乎有自己的生命，比如一个传说或者一个神话都有自己的生命。

　　其实，它似乎是被人类学家心安理得地称为耆那文化的那些东西的组成部分；它是构成这个地区耆那教徒所掌握的耆那教的一般知识和实践的各种斑驳陆离的条目之一。我从一开始论证时就摈弃了人类生活的本体论，本体论认为个人与某些神秘的共享对象即文化有着直接的关联。但是这里有个例子——一个很普通的例子，因为还有其他许多耆那教徒知道的事情和知道怎么做的事情——似乎用这样的术语能得到最好的解释，也最容易解释。我们似乎能够描绘出比如说浮在耆那教徒头上的一种思想泡影，这些耆那教徒恰好知道这个故事，于是用这个故事和其他相关的东西充实了这个泡影，称之为耆那文化。总之，这个故事是许多能证明耆那教徒观念和价值观的普通实例之一。它可以被列为把耆那教徒和其他人区别开来的精神范畴的东西。那么为什么要努力显示故事具有主体间的、相互作用的意义，既然它与一个已知的范畴的连接如此天衣无缝？

我现在来回答这个问题：我们的确可以分解故事并将其存储在耆那教的故事纲要中，就像弗朗兹·博厄斯收集和存储口头神话的文物和文本一样。但是，如果说这些干巴巴、冷冰冰的文本或文字本身可以有意义那就错了。任何看过这种收藏的人都会知道，如果没有周围的生活赋予它们色彩和感觉，他们的藏品是多么无谓而令人费解，有时甚至是极其无聊的。非洲有句谚语："一个人不是一个打开的筐。"把这句话从谚语清单中抽出来会是什么意思？人类学家可能回答：这句谚语是说我们无法进入一个人的思想，知道他的计划和意向是什么。然后人类学家可能会争辩说，谚语的思想结构本身就能使人们理解和行动。事实上正是从这个角度来看，伟大的法国人类学家路易斯·杜蒙（Louis Dumont）强调，人们（在他这里是印度人）精神中的思想结构支配他们的行动。[1] 但是，我认为，这将是一个非常枯燥而被分解的生活版本，因为我们仍然不知道人们实际上是如何使用谚语来移动、沟通、责备或相互拒绝的。我们有理由坚信广为流传的故事，并认为它们可能具有更重要的意义，可以照亮更多的角落。但是我们仍然必须找到任何复述故事的真实情境和变化中的应用，以便对它可能意味着什么有更扎实和更可靠的感受。

哲学家与讲故事的人

　　我现在回到故事上来。戈尔哈布尔的天衣派（Digambar）耆那教徒，或者至少我最熟悉的那些教徒是城市商人，很热衷于谈论耆那教，我经常能听一堂很长的即兴宗教哲学课。这是很有当地特色的交流方式，一种有些人很喜欢的谈话方式。其间，一个人就一个提升道德的话题发表长篇大论。我可能要补充一下，我在耆那教徒当中看到的此类情况，通常是一位长者在对一位年轻人或者一位妇女讲话。

　　我当时在一位农产品供应商的办公室里，我简称其为"哲学家"或者"P先生"。下面是我当时笔记的节选，我去掉了重复的部分。哲学家P先生是用英语讲的：

　　　　他一开始先对我进行说教。我知不知道耆那教？不怎么知道。他告诉我耆那教的精华是ahimsā，就是不杀生，甘地就是一位真诚的耆那教徒。我知不知道ahimsā是什么意思？我不知道。他说ahimsā是所有宗教的精华。我们不能伤害人，我们应该帮助人。我吃不吃肉？我过去常吃，但是现在不怎么吃了。那好，他说，这就是ahimsā，对你有好处。ahimsā是说我们不能说别人的坏话，因为我们可能会伤害他们，但是无论如何我们都会伤害我们自己。为什么呢？因为说坏话或者撒谎就说出了贪心和恨，这就伤害了我们自己。ahimsā是说不伤害别人，也就是说不伤害你自己。我是不是认为斋戒有损健康？我犹豫不决。不！他说。斋戒对自己有好处，是 ahimsā，因为这不伤害任何人，能帮助自己。

有人为买卖上的事来找他，他好像拔腿要走。哲学家让我先待会儿，喝杯茶，说他得出去一下，但是马上就回来。他走后，过了一会儿，一位一直坐在角落里的衣衫褴褛的老人用马拉地语发话了。他可能是农夫，也可能是穷亲戚，或者是来借钱的。我会不会马拉地语？会一点。他说，这是我爷爷讲给我的故事，很重要。你写下来。他说着，指了指我的笔记本。有一位大人物，一位英雄，一位 mahāpurus（大英雄）他从前就住附近。一天，他出来冲水牛走去，他对水牛（做什么，我不懂）的时候，一头牛踩在了他手上。他怎么办？不怎么办！他等了又等，牛的主人总算出来了，看见发生了什么！主人打牛，让它挪动，但是英雄叫他停下，说牛不懂事！这就是（真正的宗教），他说，是真正的耆那教！

我管讲故事的人叫"讲故事的人"，或者"S 先生"。我从来不知道他叫什么。他带着极大的热情讲这个故事，但是哲学家一回来，他就沉默了，不再讲话。我猜想他是反驳或者改进了 P 先生的说法。

后来我发现了一位叫斯达萨嘎尔（Siddhasagar）的人的传记，其中就有讲故事人讲的那段故事。斯达萨嘎尔生活在 20 世纪初。他作为俗人有过许多著名的宗教业绩，晚年成为牟尼，赤身的苦行僧，直到死始终过着日益艰苦的苦行生活。他开始失去知觉，走路和吃饭时不能避免伤害小虫子的时候，便绝食死去了。从已出版的他的传记中我们得知，事故发生时，他一直在从公牛身下往外掏牛粪。

让我来补充一些背景（以分解的方式）。耆那教是为数不多的严格的苦行僧教派，相信灵魂从生到死一直处于无边的苦难循环之中。这个无穷苦难的原因是我们给别人带来的肉体和精神的痛苦，因为这样，我们玷污了自己的灵魂，这些污点像有规律性的法则，不可避免地带来新的痛苦。我们可以采取措施避免伤害他人从而避免这些污点。耆那教的中心教义的确是 ahimsā，无伤害性或者非暴力，既包括一般的生活态度，也包括特殊的宗教教义。这种宗教教义包括食素以及真诚和友善的话语。但是耆那教徒还强调其他实践，牵涉到自我约束，比如禁欲和不追求物质利益。这些不是 ahimsā 明显的表达，但是耆那教徒认为他们所做的就相当于避免伤害。比如说禁欲，就是避免性交的暴力，耆那教认为这会导致生活在妇女阴道里无数微小的生命体死亡。

无伤害性和自我约束这些原则就相当于自我屈辱，也就是清除掉自身积累的污秽。于是耆那牟尼、和尚或者苦行僧过着极为清苦的生活。天衣教派的牟尼（这是我在戈尔哈布尔研究的教派）总是赤身裸体，一天只吃一顿饭，徒步从一处走到另一处（他们禁止使用交通工具），时不时地用双手把头发拔下来。信耆那教的俗人也主要通过不同时期的、有时长达一个月的斋戒来培养苦行精神。

从某个角度来看，这个耆那教的大致轮廓够清楚了：这足以让人懂得这个故事，补充理解的空白，比如什么是 ahimsā，什么观念能为这种违反直觉的行为辩解。这正是我们所期待的文化诠释，即分解一系列行动的效果。现在我逐渐把这些都恢复原状。

一个简短而清晰的故事

让我来说说斯达萨嘎尔故事的核心。我暂时认为它好像只包含这些词：

> 有一位大人物，一位英雄，一位 mahāpurus……一天，他出来冲水牛走去，当他（清理牛粪）时，一头牛踩在了他手上。他怎么办？他什么都不做！他等了又等，最后牛的主人出来了，看见发生了什么！主人打牛，让它挪动，但是英雄叫他停下，说牛不懂事！……

讲故事的 S 先生（不像哲学家）讲的完全是特殊的事情，是特例，一点也没有普遍性。这是一个简短而清晰的故事，其实很像那个俄国人的"呦"。但是它具有所有我们认为的一个故事理所应当该有的一切。一、它揭示了一系列事件；二、它关系到特殊的人物；三、它体现了人物的观点、信仰和意图；四、它揭示了事件和这些意向与观点之间的关系。我们从书写下来的故事里知道得更多——比如说斯达萨嘎尔被踩住在地上好几分钟，他那时是一个受雇的仆人，水牛的主人是他的雇主——但是所有这些细节没有给我从讲故事的人那里听来的叙述梗概增加什么要素。它简洁而非常有力地传达了一个耆那教徒所能达到境界的直接而具体的意义。

故事的简短的确是其最突出的特点之一。故事的目的是显示人物的观点和精神状态。斯达萨嘎尔在痛苦之中，他的意图是恻隐之心和不杀生。主人很担心，急着要去救他。于是故事中唯一具有真正明确心理状态的不是他们中的一个，而是水牛，它"不懂"。这里发生了什么？

我认为，这个观察引出深刻而重要的后果。因为这说明被理解的故事比被记录下来的故事更重要。正如玛丽·格根（Mary Gergen）和肯尼斯·格根（Kenneth Gergen）所指出的，故事可能极简：在适当的背景中，只要"我想她是我的朋友"这几个字就够了。[2]因为当相关的细节补充进来时——比如说，故事是一位妇女讲的，她处于一种已经确立的关系中，这个关系显然被无意中扰乱了——这些词精准地抓住了对于一系列社会生活来说很重要的意识场景的变化。对一个陌生人从头到尾解释这句话的确会引出一段很长的叙述。

因此一个故事超出故事本身指向包括精神状态在内的情况。这不仅仅是说出或者写下的词语。这确实被认为是语言的一个普遍的问题：任何谈话的主题，仅仅是一段谈话或者写作的片断，其实可能包含很多内容。可能存在着一系列也许是无限的主题和意思，一屋子的语言学家可能通过一个窗口传回任何一个故事。斯达萨嘎尔的故事的可能还有其他什么意思呢？一个意思是说斯达萨嘎尔任凭一头高达六英尺多的水牛踩在他手上而毫不抗拒，既不是因为疯，也不是因为特别蠢。这是我给那些对着那教无好感的欧洲人和印度人讲这个故事时引出的意思。一位听我讲故事的着那教徒则觉得斯达萨嘎尔的行为是不必要的自我伤害。根据这些说法，斯达萨嘎尔可能是一位"英雄"，无论是从酸溜溜嘲讽的意义上来说，还是作为误入歧途但是善意的堂吉诃德式的人物。

我不主张任何一种解释。但是这些解释都不是空想出来的。在整个历史中，着那教徒一直要维护他们自己，反对任何负面的诠释。着那教徒在和我开始讨论着那教时总是要辩解一些教义，比如苦行僧赤身裸体或者绝食至死。但是甚至在像戈尔哈布尔的天衣派这样虔诚的团体边缘也存在着相当多的质疑。因此我继续收集故事的时候，脑子里带着这个问题：什么正巧能说明我真的而不是讥讽地把斯达萨嘎尔当成英雄是对的？这不光是学术问题，因为这等于是问我或者任何人怎么能肯定懂得正在发生的事情。

模棱两可

在 S 先生下面的话里能找到对这个问题最简单的回答。他给故事加上了："这就是 dharma（真正的宗教），是真正的 jainadharma（耆那教）!"这似乎能肯定 S 先生热衷于把斯达萨嘎尔描绘成一个真正的、典型的、榜样式的耆那教徒，是所有人效仿的典范。但如果我们以嘲讽的眼光来看这两句话，我们可以发现这些话也并不能证明诠释更有利于耆那教。指出"这是典型的琼斯的做法"既可以是贬义的也可以是褒义的。我们一旦用"英雄"指其反面，那么 S 先生的话也完全可能是表示轻蔑的。

那么，我们如何肯定 S 先生的故事真正的意思是什么？在我的田野笔记里，我在上述引文的"这"下面画了一条线，这是说我理解了 S 先生所强调的。还有，我相信——我也相信我能显示——他强调的是发生过的、早先人家讲过的、已经确定的事情，这是对耆那教徒和斯达萨嘎尔表示恭维的真诚的谈话。

那么我们回到开头。整个相遇过程是从哲学家讲课开始的。但还是需要回到这之前，说说我是怎么理解这种相遇的。我撞上了好运，田野考察一开始，我就在当地一个庙里举行的年会上被引荐给耆那教徒，他们便正式地共同帮助我。尽管这种帮助不是到处能得到的，但我一般还是能依靠合作得到。

还有，无论何时我走近谁和他谈点什么——都是"他"，因为我几乎不能接近耆那教妇女——我都是采取特殊的方式。我请求帮助，如果回答是肯定的，我便忙着向我的对话者提问，同时迅速记在笔记本上，并且时不时看他一眼，表示我在认真地听每一个字。这不是一种真正的方法，我不是通过学习做到的。这是我在斯里兰卡为解决一个侦探小说式的问题进行田野考察时自然形成的方式。我不仅显得热切而感兴趣，我的确热切而感兴趣，这兴趣一直持续到戈尔哈布尔。我应该说明，我那时更肯定这样做能行，会得到真诚的回答，而不是没用。因为我很快发现，我要是不问信奢那教的商人他们的宗教问题，而是和他们聊买卖上的事，笔记本和我的热情肯定不被接受。

这个背景对于建立我工作需要的整体气氛是有用的，但是每次相遇或多或少都要重新开始（所有的相遇在某种程度上都是如此）。有时我明显表现出的兴趣引不起什么火花，有时激发出或多或少的相互注意、相互兴趣和平等的对话。但是也经常像和哲学家 P 先生一样，我遇到了宗教哲学课的形式。与他的对话有点勉强，因为我被要求扮演严格特定的角色，也就是乳臭未干的年轻人或者对道德一窍不通的陌生人。

我的田野记录让人知道这大概是怎么发生的。与哲学家先生的整个谈话的语气被他的反问所主导，这些问题只需要狭小范围内的简短的回答。的确，他的一些问题干脆就像"你还打老婆吗"这类问题需要回答，但是从一开始就不在乎人家的回答。

"你吃肉吗？"

"我过去吃，现在不吃了。"

"那好。这就是不杀生。不杀生对你总是有好处的。"

现在来看看整个讨论的关键问题。P 先生和我自己的行为几乎与所说的内容没有什么关系，都朝着一个特殊的目的，即建立一种关系。关系如何大都由 P 先生确定，我默认。这是严格限定在教学模式里的，由哲学家，也就是老师，在讲台上讲课。这个级别建立得很微妙，但是很有效。比如说，由 P 先生从更高的道德点出发，做出评论，反映在我的社会和文化背景上，这很恰当，但是由我来这么做就不合适了。我应该披露关于我自己的细节，对这样的评论持开放态度。但是 P 先生没有提供关于他自己的相应情况，因为他建立了主导的地位。在这种道德和精神教学式的关系里，原则上 P 先生的细节不是必要的，因为这种关系不是个人间的谈话或是平等待客的关系。

换句话说，他把情境安排成使得谈到的信息很神圣，是从上到下传下来的、非个人的知识，是古老的智慧。关系本身为知道如何得到信息提供了必要的线索。现在从一种意义上来说，我这里只是在说我从相遇一开始就知道的，我们都很严肃地谈话。这类事正是人们，甚至人类学家知道的。但是问到严肃性是怎么建立的，我们确实能看到它有一种特殊的形式。其他形式的严肃谈话，比如我和耆那教徒和佛教徒进行的平等的谈话，是可能存在的。但是这种 P 先生安排的严肃性有其特殊的味道：这种严肃性关系到非常重要的事情，受教导者必须接受教导者的主导地位。这里不像在稍微有点互问互答的谈话里那样可以提问，这里不存在对教学质疑。这当然给 P 先生的话又加了点内容，这些话如果出现在扔在地铁座位上的从一本书里撕下来的某一页上，我们就不会在 P 先生那儿听到。

其实我们可以看出，他的话的含义可能不只是建立在关系上，而且还有一个作用：这些话可能是更加协调一致的尝试的一部分，以向所有其他人尤其是西方人展示耆那教和耆那教的道德优越性。这次相遇没有太多发展，所以我永远不会明白。但这是在与其他耆那教徒相遇过程中一个常见的话题。

再谈斯达萨嘎尔

我现在回到讲故事的 S 先生的信息。哲学家被叫走时暂时离开了这一系列行动，他走出商店。这时候，讲故事者往前走了一步。我们的交流是这么开始的："我会不会马拉地语？会一点。他说，'这是我爷爷讲给我的故事，很重要。你写下来'。他说着，指了指我的笔记本：'有一位大人物，他从前就住附近……'"首先 S 先生一开始就肯定了我们是可能交流的。然后他很明了地建立了 P 先生丢在一边的关系。他要求我把他要说的话像 P 先生的话一样当真，我这样做了。另外，他提到他爷爷给他讲的这个故事，重复了长者和年轻人、智者和无知者相遇的特质。在此意义上，一本正经的哲学家已经为我们解释他的故事做好了铺垫：我们只是顺着同一线索发展。

但是提到讲故事的人的爷爷、附近发生的一切，同时和故事本身简朴的家庭环境结合起来，这与哲学家产生的效果不同。首先，这样做稍微揭示了 S 先生的生活、家庭和观点。他和前一个讲话的人是不同的，P 先生在其教导过程中一点也没有揭示他自己。S 先生的方式使得关系起了微妙的变化，讲故事的人和我之间产生了一种较为直接的、不那么疏远的接触。另外，由于氛围相对亲密的叙述情境，我当时相信事情就发生在讲故事的人和他爷爷生活的世界里。换句话说，这不像很多其他耆那教的故事，不是什么发生在遥远的王国的传说。这不是没有个人感情色彩的知识。这是每天发生的日常故事，如此具有英雄气概的民间故事。我后来发现的关于斯达萨嘎尔的小册子证实了这一点：故事就发生在附近，发生在我们猜想到的 S 先生的爷爷生活的年代里，他肯定也是听人家说的。

就是这种发生在附近，这种近距离的英雄事件以及为我们这样坐在肥料口袋当中的对话者宣讲的人，都是——或被我当作——故事讲述者的信息的一部分，也是他试图完成的事情的一部分。随着讲故事的人炽烈的感情，斯达萨嘎尔从久远的过去走出来，进入一条把我和讲故事的人、把他和他爷爷、最终把他爷爷和斯达萨嘎尔连在一起的线索。我们生活在同一个世界里，斯达萨嘎尔的行为揭示出的意义现在应该和过去是一样的。我感觉到 S 先生在桌上甩出一张会赢的牌，或者一沓有决定性意义的票据。当耆那教徒一齐呼喊"斯达萨嘎尔万岁"或者当 S 先生说"这才是真正的宗教"时，这不是哲学家的正色说教，但更意味深长。

因此我想强调讲故事的人谈话的特点的意义在于把我拉入一个情节，和其他已经存在的人物在一起。他们不仅包括斯达萨嘎尔、水牛和它的主人，还包括讲故事的人的爷爷和他周围的人、讲故事的人，现在还有我。这些不是故事结构里的人物，而是故事本身和我们的（很短暂地）共同生活的组成部分。他说的和那个大家都知道的开头有同样的性质，"好，现在你提到这个，我知道一个鬼故事。故事正好发生在一百年前的今夜，就是这会儿，就在这间屋子里"。

当然了，哲学家可能讲得更贴切，可能引用古代和今天贤人肯定的道德原则，就像他给我讲的那样，但是他从来不可能像讲故事的人那么有效。原因很简单：S 先生叙述的故事里的人物正适合于店里发生的故事里的人物。从一个人到另一个人、从过去到现在、从讲述的情节里的人物到现在故事里有经验的人物的转换是容易的、自发的而且必要的；这个转换离不开那些用着那教关于生活意义的故事来教导别人的人。

让我来再看看这里论证的更广泛的意义。从解析的角度来看，根据抽象的动机来理解斯达萨嘎尔的叙述是可能的。这些动机从文化的角度形成一种解释。这是人类学家补充背景时所做的事情。所以在这种情况下，抽象的自取其辱和不杀生的动机以一种盲目的方式概括了我们认为斯达萨嘎尔应有的精神状态。我们利用这些抽象性时，不需要对于故事的情境提出问题。

让我从文化角度将这种解释称为"文化注释"。通过协议，通过以分解的眼光建立的一种社会契约，我们假定文化注释提供了我们所要知道的一切。我们可能不同意——我想你们很多人不同意——自取其辱和不杀生足以使我们像着那教徒那样把斯达萨嘎尔当作英雄。但是作为文化注释契约的一部分，我们为他们带来了质疑的益处。我们同意一种文化注释告诉我们耆那教徒严肃地看待什么。这样我们可以真诚而不是嘲讽地去听关于斯达萨嘎尔的解释。

当我们开始把斯达萨嘎尔的故事重新组合起来的时候，却出现了另一种情况。相关的对话者不只是在一个大家都感到舒适的背景下，一个都认可的思想泡沫里对话。我们，当时的对话者不只是承认互相知道对方知道的事情。我们也不是简单地用字眼把意思包裹起来，互相传递过去。相反，P 先生和 S 先生想说的意思必须在协调关系的同时适当地表达出来。只有通过协商关系，故事本身的精神意思才能被接受。没有这种协商，对故事的解释将会超出 S 先生的控制，无论他的话多清楚，也无论他为此多有信心。

当然，也可以说只是因为我处于一个无知的陌生人地位时才会是这样的。但是情况并非如此，因为信耆那教的成人对他们的孩子的做法多少是同样的，并且他们相互之间也总是这样的。耆那教徒之间的关系，或者至少讲述耆那教的人之间的关系必然伴随他们讲述耆那教的特殊方式。就像婴儿的"语言获得装置"要求一个已经安置好的"语言获得援助系统"，传授耆那教的真谛必须在一个适当的社会环境里。总的来说，耆那教徒中的氛围就像印度人中一样，有一种特殊的情调。似乎有一种对权威性说法的偏信，即对于教导者不可置疑的主导地位的偏信。但是在任何情况下，关系的确立对于故事的正确解释都是必要的。

因此，实际上我在把这个遥远城市里的简短的相遇当作一个较为普遍的人类真理的例子：每个人都为了商议意思而协商关系。如果我们去掉权威的味道，讲述斯达萨嘎尔的故事还保留着一个基本的因素，即为建立那种被接受的解释相互作用共同创造一个普遍的意思。从这个角度来看，涉及研究对象的人类学家的情况只是所有人类相互作用的情况中的一个，而不是特别特殊的例子。所有故事的意思、所有表达都有赖于承载它们的人类关系的特点。所有的意思，像俄国人的"呦"一样，是互动的。

　　这对于像斯达萨嘎尔这样的故事来说是什么意思呢？这个故事不像上一章的故事，在不同的环境和媒介中有着自己的生命。好，我强调所有的意思都是相互作用的，因此这样来看，不同的讲述或者不同的写和读就一定依赖于它们的环境。比如一个格言被普遍接受了，甚至对人类学家、历史学家和文学理论家来说已经是老生常谈了，但是注意，如果它被接受了，很多含义就会接踵而来。我下一章要发掘的一个含义就是斯达萨嘎尔的故事带有人类生活变异的特性。一方面，故事好像是被保存下来的文化财富，这文化财富本身又保留了文化价值。另一方面，故事非常容易受到它所处的真正的历史关系变迁的影响。没有一个故事只有一个意思，就像我们可能天真地以为如果我们把人类学家解析的文化注释当成全面的解释。我们需要文化注释，但是我们也需要提防注释。

争 议

我现在来探讨这一章的另一个主题：叙述性思维明显比范式思维优越。我那时，现在仍然相信 S 先生隐含了对哲学家 P 先生的批评。这是斯达萨嘎尔的故事的结尾强调的意思之一："这就是真正的宗教……是真正的耆那教！"这就好像他加上了"不是他刚才给你讲的"。

当然，讲故事的人给我讲的比城市化的、中产阶级的、教育程度相当高的 P 先生给我的线索要粗糙。P 先生是典型的 20 世纪兴起的耆那新教的教徒，新教给予受过良好教育的世俗教徒以独立解释耆那教的权力。相反，讲故事的人的故事来自教育程度低但是更禁欲主义、宗教意识更强的乡下，来自戈尔哈布尔周围的村子，20 世纪天衣教的耆那教牟尼大都是在这些村子里产生的。

但是还有其他东西。如果讲故事的人 S 先生只是要简单地说真正的耆那教包括比哲学家所说的更严格的苦修，那么他可以直接说出来。他为什么用这个故事呢？是不是有什么关于故事的特殊的东西，有什么不能以其他的方式传达的东西呢？我想斯达萨嘎尔传记前言的作者能在这里给出一个提示。他写道："我们的经验是大人物生活的故事有吸引力，**资料丰富**，并且对人民有所启迪……读者精神非常集中，不会转移到别的事情上去。"（我的翻译，我加的重点——作者注）[3] 我已经注意到一个故事之所以吸引人是因为它把人拉进去，抓住人的注意力。但是在什么意义上大人物生活的故事"资料丰富"呢？这是不是只是说他们充实了总的思想，举出了具体的事例来说明哲学家 P 先生抽象的思想？我想是这样的。

首先，我通过故事接受的知识包含比发生在斯达萨嘎尔和水牛身上的更多东西。就像我已经指出的，我学到一点东西，但这一点很重要，关系到讲故事的人和他爷爷，用这些资料我又一下子可以有了不同的方向，不是为了进入一个抽象禁令的理想世界，而是知道附近村子里一系列真正的关系和相互作用。在此意义上，短暂的相遇可以称得上是对另一个世界触目惊心的一瞥。

我要更加深入。正如我在戈尔哈布尔附近的一个庙周围转悠的时候所知道的，当地耆那教徒的世界经常回响着大大小小宗教业绩的故事。我猜想这是人们在庙里讲的事情，一种宗教八卦。约翰·哈维兰德（John Haviland）关于一般八卦的论述也适用于宗教八卦：

> 我们一般以为一个人的文化能力是由法规构成的：纲要、话语、植物和动物、亲属关系、政治结构、[宗教]，等等。我们设想观念化的纲要的独立存在是先于任何特殊的动物体系、先于任何现存的亲属体系、先于任何真正的政治行动的。但是在闲话中，没有特色就无法揭示现实性，偶然性决定总的原则——因为它们是存在的一切。在八卦中，世界变得比理想纲领和规则更丰富；它建筑在广为流传的"谁是谁"之上，建筑在历史上，建筑在名誉上，建筑在人的特性

上，建筑在例外和偶然上。八卦提升了特殊性。[4]

"纲要"的提法参照的是一个很有活力而且很有成果的美国人类学的附属学派，即认知人类学，其实践者通常认为文化是独立存在的现实。然而现在让我来更仔细地看看这种特色的发挥。在信仰耆那教的人中间有一种丰富的仪式般的苦修文化，这种仪式文化在家庭里或者通过地方庙堂里复杂的仪式和故事的讲述来组织。这不是牟尼的生活，而是他们产生的背景。世俗禁欲主义者苦修的基本行为是发誓禁食，这是在或多或少复杂、很有特色、有时费用相当高的膜拜活动中进行的。包括比如说绕着庙行走，在画像前礼仪性地摆上水果、米饭、花、灯，等等，背诵一些经文，以某种方式——比如在一年满月的时候——禁食。对这些行为的解释以故事的形式出现在崇拜者这里，归结到这个或者那个传奇人物某个场合起誓的效果。因此，每一个誓言不是通过抽象的道德陈述，而是通过附加于它的叙述并且只通过附加于它的叙述来理解的。那么，首先发誓人懂得她——发誓的经常是妇女——是在直接把自己与传奇人物等同起来。没有任何解释来打破她正在做的和已经做过的事情之间直接的认同。

其次，发誓是在关系的情境中进行的，这对理解誓言至关重要。誓言来自一位祈祷者——这是第一层相应的关系——他讲故事，描述发誓的过程。此后的禁食是在家里进行的。耆那教徒家庭用餐与多数印度人家一样，是把关系戏剧化的仪式：男人们一起吃饭，男人和小孩比妇女先吃，妇女伺候他们，等等。于是——就像不止一位耆那教徒给我指出的——不吃，特别是伺候别人吃好东西自己却不吃的结果能有力地发挥所有相关的人的想象力及其关系。这里可能产生的优越感与责备的区别、服从与羡慕的区别、敬佩与负疚感的区别被阿尔君·阿帕杜莱（Arjun Appadurai）称为印度人家庭的"饮食政治"。[5]此外，由于这样一个团体内紧密的联姻和亲戚关系，这种一个人所具有的家庭的饮食政治和饮食宗教知识扩展到整个团体。一个人熟知地方史、社会和自然地理以及错误的界线和断层，就像一个人熟悉他每天经过的地方的风景。这种知识的本性是有特色而且是叙述性：它就像——也常常就是——八卦。

那么我的观点是：只要我们关心耆那教徒对于耆那教的理解，那么他们的理解基本上是地方的、个人的、有特色的、叙述性的。早些时候我在强调社会生活中人们关于总体和特殊的知识不可分时曾经指出过这一点。地方的耆那教徒知道斯达萨嘎尔，他"就住在附近"，但是他们还知道帕提尔太太，她上个月发了长誓，他们还可能知道大概谁是第一个起誓的人。他们知道古勒太太（这些都不是真名），她几年前禁食饿死了，还有基那帕，一个当了牟尼的远房表兄弟。耆那教比故事要丰富，但是我认为，耆那教徒正是首先并且最重要的是通过故事，通过一系列行动中的人物和他们的精神状态来理解耆那教的。

再谈范式思维

那么哲学家 P 先生算是什么呢？尽管他说的没有包装成严谨的论证，但却是某种形式的抽象推理。就我所看到的，这完全符合布鲁纳的范式思维。他的话是概括性的而不是特殊化的，运用的是逻辑而不是讲故事。其实我怀疑 P 先生所言深受中世纪耆那教道德家和哲学家阿姆塔甘特拉（Amrtacandra）的影响。他的著作的一个译本在戈尔哈布尔耆那教知识阶层广为流传。

在很大程度上这一章是一个处于我的互助论观点和心灵主义观点或者许多人类学家采取的一组心灵主义观点之间的争论。我强调过促成事情发生的是处于关系中的人，然而心灵论者则认为促成事情发展的是思想或形象或模式，等等。耆那教徒中间似乎发生过许多同样的至少隐含的像 P 先生和 S 先生之间的争论。我相信讲故事的 S 先生更胜一筹。但是，这是不是说耆那教徒不按照他们宗教的范式戒律行事呢？有一条很重要的理由让人相信，他们其实是按照他们的戒律行事的，这正是 P 先生和他的推理的存在。这种推理为按照自取其辱和不杀生的原则行事提供了抽象和普遍的动机。换句话说，这是一位提供了他自己的文化注脚的耆那教徒。这位耆那教徒显然也会争辩说耆那教徒是遵循戒律而不是按照故事行事的！

我想这是很有力的一点，不会轻易或者最终消失的。我首先要说明的是，即使没有资深专家和 P 先生主张的系统的范式思维，人们也可以有共同的社会生活和宗教生活。许多人类学家研究的社会正是这种情况，人类学家研究的许多社会并不沉迷于或没有如此详尽地阐述其关于审美标准的范式知识。比如说罗萨尔多研究的伊隆戈人，或者希弗林研究的卡卢利人，都没有过苦心经营关于社会生活的大套的推理的宗教专家。

另一方面，耆那教一直有这样的宗教专家，他们创造了一种特殊的推理方式。后来的发展是，一些虔诚的世俗百姓——多数，但不都是受过良好教育的中产阶级——承担了研究这种思想的重任：这就是哲学家。然而对于其他虔诚的耆那教徒来说，这样的学问可能是第二位的，也可能和他们完全不相干。他们知道这类事情，相信这是真的，但是没有明显的证据显示他们把这类事情当成理所当然的。

我们要用这些学问做什么呢？好，让我来做个思想实验，想象耆那教没有其哲学的、范式的或者纲要式的主张。很显然，许多耆那教徒的宗教生活里是没有这样的主张的。这样的耆那教保留了其故事还有赤身裸体的禁欲主义者，这些人从表面上一看就反对平常的欲望。耆那教保留了过去传奇中禁欲主义者的雕像，令人回味无穷，却又不具文学性。比如，传说中的英雄巴霍巴里（Bahubali）被描绘成是一个赤身裸体的人物，坚定地发誓要经受肉体折磨，一动不动地站在一个地方，任蔓藤绕在腿上。耆那教保留在这样的塑像面前深鞠躬的习惯。这样的耆那教当然会保留世俗的禁欲主义的完整仪式。

它失去了什么呢？为了回答这个问题，让我首先来思考它是如何获得其范式思维的。要回答这个问题很困难。但是似乎至少对于印度来说很清楚，概括性思维是在一个特殊环境中，即公元前1世纪在北印度平原迅速城市化的文明中发展起来的。有关这个世界的最早的记录是反映了佛陀和他的同代人耆那教的创始人（或者创始人之一）大雄尊者摩诃毗罗（Mahavira）出场的。对于宗教信仰者——他们被称为"奋斗者"——来说，这是一个势均力敌的竞争环境，每个人都热切地意识到其他人可能提供另一种生活方式。这些区别在公众的辩论中传播，在显然是为了这样的辩论提供的大厅里发表。在这样的环境里，概括的能力、为了更多人并面对更多人讲话的能力以及更广泛、更包罗万象、更抽象，因此（在有限的程度上）更有力地描述事物的能力的价值是不可估量的。一年又一年，一个世纪又一个世纪，耆那教徒和他们的竞争对手辛勤培育了这种能力。

因此，在某种意义上，耆那教徒的范式思维出现在像哲学家使我所处的那样的环境中，在这种情境中，面对非信仰者和刚接触耆那教的人，耆那教徒生活方式的优越性树立起来了。没有关于不杀生和经受折磨的抽象道德思想，没有抽象地解释这些实践的普遍性语言，耆那教徒就会在印度宗教和哲学思想毫不留情的领域里失去坚持他们的主张的能力。他们也不可能像今天P先生对我那样如此容易地申明他们的看法，并且驾驭别人，或者像耆那教徒移民到北大西洋社会时试图做的，并且建立协会来保留和传播耆那教知识。

这里想要说明的是，我们必须把范式思维当作经过耕耘、被发明、被发现，因此具有多种不同的类型。耆那教哲学家证明了一种类型，认识论人类学家解释另一种，还有许多植根于北大西洋社会教育中的广泛传播的概括性思维的习惯，这使得这本书能够写出来又能让人读懂。但是没有理由相信进行这样的思维尤其要通过读写。比如说我们几乎可以肯定耆那教的竞争对手佛教在变成文字之前经历了几百年严密而清晰的发生和发展过程。认识论人类学家埃德温·哈钦斯（Edwin Hutchins）揭示出当特罗布里恩的岛民（美拉尼西亚群岛某一部族的人）争论土地所有权时，他们的思维是多么缜密而有条理。[6]

这说明人类思维其实比图表或者范式思维所能包含的更有力也更具创造性。我们能够发明或者发现新形式的范性思维、新模式，比如耆那教的逻辑、特罗布里恩人的合法推理、电脑程序或者数学；但是这样的思维没有创造和发现我们或者指导我们的生活——除非我们使然，比如服从一种法律体系的逻辑。人类学家所提供的文化诠释其实是这种形式的范式思维。但是把这种思维整合起来，把它与社会关系重新结合起来是很重要的。P 先生很可能是按照他的戒律推理，根据他的推理行动的。但是并不需要所有的教徒都这样做。

意　象

可以肯定的是，耆那教的体验肯定比单独的叙述要丰富得多。有阐释崇拜的形象的感官教育、有祈祷和禁食的身体行为的培养，还有在家庭和庙堂的关系中的情感教育。这些都和叙述性思维纠缠不清，但是都超越了叙述性向其他方向而不是范式思维的方向发展。比如审美和有形思维经常是通过意象，或者是没有语言的动作，或者是诗歌、仪式的歌咏和言语表达的。于是，每个耆那教的庙当中都有一幅（久远的过去的）耆那教禁欲主义创始人的画像，一座石头或者金属的雕像，这是大量关于形象化工作、讲演和祭祀贡品的应用的阐释的焦点。

许多人类学著作——一般称为象征性人类学——运用心灵主义的思路专注于思维的象征性比喻形式。比如詹姆斯·费尔南德斯（James Fernandez）说意象为人民所有，"形成一场运动并且导致一种表演"[7]。这话很有见地：诗和礼仪以及日常话语中的隐喻承载着人类创造性智慧的许多动机和滑动力。比如说赫然摆在许多耆那教庙前的画像：一个大概 40 英尺高的柱子顶端，四面挂着四幅禁欲主义创始人的雕像。柱子叫作"荣誉柱"，这称呼似乎是有道理的，因为这根柱子使得庙宇高出满城的屋顶，高出村子里的树。但是一个虔诚的耆那教徒告诉我，它的真正意思是"反荣誉柱"，因为这样一根柱子的建造和献礼仪式需要花费大量捐款。这样从一种称谓滑向其反方向，只是运用形象思维的一种方式，但却是典型的耆那教的宗教想象力。

但是还要注意进一步的滑移也是可能的，特别是在社会环境中。告诉我这是"反荣誉柱"的人支付了这根柱子所需的大部分资金。到目前为止没什么不好：他自己对我解释说，他这样做纯粹是出于虔诚。然而，他强烈要求把他的名字作为唯一的捐献者刻在底座上，这很令人失望。这引起了强烈争议，因为他并没有付所有的钱。因此在争执中，当有人指出这是"他的荣誉柱"时，我又得到了另一种滑移。这是我们常说的那种话，而在这种意象的游戏里，我们看到人类智能创造性的一面通常是如何运作的。

以这种象征风格工作的人类学家揭示出并且继续揭示着人类令人震惊的丰富的发明能力。但是形象思维本身不能达到叙述性思维所能达到的动机的深处或者包括社会进程的综合意识中。于是，比如说，我遇到耆那教徒，他们讲述关于斯达萨嘎尔这样的故事、传说或者神话，以此作为他们虔诚的关键理由甚至作为他们加入赤身的禁欲主义者行列的关键理由。毫无疑问，比喻思维深深卷入了这样的故事中，就此而言，我所听到的纯粹关于斯达萨嘎尔的叙述当然是例外。但是相关的滑移，促使人们行动的滑移，不像比喻思维那样从一个形象到另一个形象，而是从一个情节到另一个情节，从一个人物到另一个人物。如果关系到动机，就会牵涉到根据别人的生活和情节看待自己、重新解释自己的能力。因此，用侯世达的话来说，我们瞬间了解情况，一种"谢天谢地"的感觉产生了一个刹那间的效果："只因为我是人，我能把自己放在耆那教英雄斯达萨嘎尔的地位。"对我说来，精神活动不是理解和同情，就像看到忙碌的侍者的人可能有的。这是肃然起敬的过程，想象一头六英尺高的印度水牛踩在你手上一动不动该是什么滋味。另一方面，演示变成试着向你传达这种理解。

但是对一个耆那教徒来说，运动和演示一起可能更会引起变化。它可能使一个耆那教徒成为一个禁欲主义者，或者在庙里起誓。这个故事讲述了发生的事情，为什么会发生，以及接下来又发生了什么，最终正是这个故事使一切显得不同。因为任何人确实都需要知道到底发生了什么、为什么发生以及下面该怎么办。因此故事意识既有积极的一面，又有被动的一面。人们通过故事不只是能抓住情感和观点，还可以开始行动。换句话说，故事包括愿望、滑移和创造等因素，以及认知和情感。这就是为什么最终我们认为 S 先生关于斯达萨嘎尔的故事比 P 先生的推理更有力量的缘故。

第七章 变异

到此为止，我一直集中在小范围的社会经验上。与此同时，我受到许多社会科学思潮的影响，我把这些概括为互助论。上一章里的一种潮流尤其重要，就是一秒钟一秒钟非常敏锐地分析两个人之间或者更多人之间的互动。在社会学里，这样的分析是由民族方法论者和对话分析进行者主导的。在语言学里则靠相互作用的社会语言学家完成。这些学者的称呼有这么多音节也许就说明他们的兴趣多晦涩深奥。的确，他们试图在一般的学者当中形成独特、与众不同并且与他人保持距离的单元。但是他们的研究却为人们如何共同生活提供了新的强有力的认识。

这些学者在人类学家中没有太大影响。这可能有很多原因。一个原因是欧内斯特·盖尔纳（Ernest Gellner）指出的，他认为民族方法论好像是"加利福尼亚式的主观性"[1]。他的意思是，这种对于人与人之间直接发生的一切的关注其实是社会学感知的失败，一种不恰当的个人主义思想形式的失败。但他的意思是，这种对于人与人之间直接发生的一切的关注其实是社会学感知，一种不恰当的个人主义思想形式的失败。按照他的说法，它忽视了形成我们赖以生存的广阔的社会与历史领域的真正的力量和事件。然而我从一开始就承认盖尔纳——沃尔夫的观点更中肯——"加利福尼亚社会学"的宏观和微观的观点都应该是我们对人类社会的理解的组成部分。按照宏观的眼光看，我们显然建立了社会形式的多样性，在他们中间形成了相互间极为广泛的"网络联系"。用微观的眼光来看，我们可以看到人们实际上是如何创造、操作和改变关联的。

　　我现在从微观移动到宏观。我在第一章里谈到关于叙述思维时把心理学家和人类学家的意愿区别开来了。我指出，我们人类学家已经朝着更为历史性的前景发展。我们现在把人写成"当他们在一个有着复杂的社会组织、漫长的过去和不确定的未来以及不断丰富的文化遗产的团体里，与其他人以及他们的环境面对面相处并产生关系时，他们的角色发生了变化"。我们逐渐发展到描述这些人"与他人一起，反对其他人，在利益集团、种族群体和阶级中，面对不断变化的全球社会和社会环境的力量重塑其遗产"。在这一章里，我用后面这一人类学的风格提出了一个观点。

　　我关注两个主题。第一个主题关系到参与了特殊大规模变异的人理解这一变异的方式。我认为他们对这些事件的理解是主体间的，是相互作用的，很像 S 先生和我那样互动地理解斯达萨嘎尔。换句话说，人们以同样的方式抓住他们生活中的大量事件，又以大致同样的方式理解他们当下的环境。第二个主题是：这些特殊的参与者的理解从根本上是创造性的，体现了一个新的观点、一个新的前景，关系到他们所处的新形势。此外，他们通过向别人主张这一观点对一系列事件起了自己的作用并且有助于参与变异的新机制的创造。

这里的案例研究引用的是非常古老的佛教文本。我们通常以为我们现代世界发展迅速，但是如沃尔夫所指出的："所有我们记录下来的人类社会都是'第二'，经常是第三、第四或者第一百个。文化变化或演变不是作用于孤立的社会的，而总是作用于有内在关联的体制，在这样的制度中，社会以多种方式与更广泛的'社会领域'联系在一起。"[2]我们谈到的变异发生在2400年前北印度恒河沿岸社会有内在关联的制度中。《起世因本经》揭示了他们社会生活中发生的巨大变化。

它一方面敏锐地意识到其创造者与讲述人之间的关系，另一方面显示出听众与更广阔的世界之间的关联。这里就像在斯达萨嘎尔的故事一样，框架是图景的组成部分，讲述《起世因本经》时的情景本身也是意思的一部分。像斯达萨嘎尔的故事一样，故事被人用于影响别人，因此是变化的工具之一。

《起世因本经》的世界

我先来快速介绍一下社会历史环境。[3]佛陀与他的同代人、耆那教的创始人摩诃毗罗一样，也是在公元前400年恒河平原上成长起来的。几个世纪以前一些分布在河岸上的小型英雄武士社会发展成了君主集权国家。按照传统的说法，有 16 个这样的"伟大国家"。但是，早在佛陀时代，一些国家就已经吞并另一些国家，然后踏上征服的新征途。佛陀生活的时代一个叫憍萨罗的国家就征服了释迦族人——佛陀的人民。佛陀死后不久，已经统治西孟加拉的马加达国又吞没了弗栗恃国部落共和联盟。在不到两个世纪的时间里，它成了当时世界上最大的帝国孔雀王朝的核心，直到 2300 年以后英属印度鼎盛时期之前，它一直是印度最大的强权。一个大变局正在进行中，给恒河盆地人民带来的后果不比资本主义和殖民主义的传播给大西洋沿岸人民带来的后果要小。

这些国家中出现了包括王宫的新城市，围绕着王宫和城市，形成城市生活：商人和掌握新技能的工匠、士兵和平民、来进贡的被征服的君主、流离失所的人、外国人、机会主义者，等等。宫廷和城市通过国王的士兵或者收税人以及微妙的远距离的商业迫使乡村与城市发生关系。一种更为复杂的劳动分工、权力和地位的分配由此产生了，不同的语言和文化尽可能和睦相处。沃尔夫可能会关心导致帝国产生的力量。我关心的则是另一个问题：在这种前所未有的共同生活的形式中，人们是如何了解他们自己的？

他们一开始使用的是一种十分古老的智能工具：社会不同等级的观念。这一工具是古老的英雄武士社会的遗产，使人想起中世纪欧洲的社会分为三个等级：祈祷的、战斗的和劳动的，或者说教会、贵族和平民。在印度的结构中，有四个等级。顶级是婆罗门，是神圣的宗教僧侣与知识分子。虽然他们等级很高，但是他们不掌握权力。权力是留给第二个等级武士阶层的，他们的义务是战斗、统治并且支付祭品。国王和贵族属于这个等级。第三等级是普通人，平民，第四等级是下等人，他们不配得到神圣的宗教的好处，不得不在其他三种之下过着阶下囚般的生活。这个观念制定了种姓之间严格的等级关系，但是这似乎还多少描述了更古老的武士社会，按照它的等级，的确是武士精英和僧侣统治平民和其他人。

这个古老的观念是一种很普遍的看待人类社会的方式。按照这种观点，世界被分成不同的物种。比如说称某些人为武士，不只是说他带着武器，是统治者，还说明他的品性：慷慨、英勇、高贵。婆罗门不只是说其职业是僧侣，他还得生来就有智慧、道德、学问、人格的纯洁和出身的纯洁。这个观点具有种族隔离的分裂性和简单化，根据这种观点，没有人民，而只有黑种人、白种人和有色人种。

我们将从《起世因本经》那里看到，等级制度还是谈论社会分化时的共同语言、通用语言（经过许多修修补补和杂乱无章的补充，等级制度作为婆罗门的印度社会种姓社会的观念一直残存至今）。然而，在恒河沿岸的新社会中等级制度比在早期英雄武士社会里的意义更不确定，也不能把它们理解成是一回事。它不包括职业和地位的新的多样化和复杂性。比如在佛教以前的文本里，我们读不到任何关于商人的话，但是在佛教和耆那教的文本里，他们是舞台上很重要的角色。在以前的文本里，武士是唯一行使权力的，但是在新的文本里，还有雇来的士兵和有工资收入的官员。同样，佛教文本——其中包括《起世因本经》——阐明了与生俱来的等级和地位的关系其实是很不确定的。不属于武士的人可能当上国王；武士可能像一般平民犯人一样受到惩罚；任何人，甚至婆罗门或者武士都可能沦落为仆人。这种可能性是了不起的恒河新世界的经验，在古老的等级制度里是完全不予考虑的。

最后——这里我们已经和《起世因本经》很接近了——婆罗门建构的古老制度里没有新世界的另一类突出人物——宗教"反抗者"的位置。反抗者是宗教乞丐，一伙松散的、内部对抗的精神追求者，他们像商人一样从一个王国漫游到另一个王国。佛教和耆那教就是从这种为天职而独身、精神丰富的兄弟会中产生的。与此同时，像我所观察到的，还有他们多种形式的范式思维。任何人，无论是武士还是下等人，婆罗门还是平民，都可能变成一个反抗者。此外，在"反抗者"眼里，普通的、世界上的俗人，都同样可能受制于进一步的、另一个世界的法则的制约，比如行为及其后果复生的法则在佛教和耆那教中极其相似。在这些人严格而苛求的布道中，等级面对铁打的转变程度没有任何意义。在他们看来，婆罗门制度把社会装扮得和谐而不平等，而反抗者揭示出实际上社会充满争斗而并不和谐。于是在佛陀的世界里，每个人都是拉蒙，每个人都处于变化、真正的对于冲突和冲突性的解释过程中。

暂时分解神秘的《起世因本经》

《起世因本经》的基本思想可能在佛陀时代是很流行的，其中不少可能就是佛陀自己顺口说出来的。但是我们今天读到的形式完整的文本是稍后——他死后一段时间——孔雀王朝的皇帝们快要出现时在下游地区产生的。在此之前，乞丐和尚的佛教秩序已经很好地建立起来，已经开始努力保存——修正或改进——佛陀的话。任何这种文本的起源都会引起争议，但是我把《起世因本经》文本看作是集体的著作，佛陀和（或）他的追随者们把原来或许不同的文本编成了一个很有力量的整体（我用的是斯里兰卡、缅甸和泰国的上座部佛教徒的版本，是用巴利文保留下来的。一些其他语种的版本也很接近上座部的版本）。

《起世因本经》美而辛辣，但是又复杂、模糊、嘲讽而神秘。佛陀在里面详尽叙述了世界和社会的起源，从一个反抗者的角度主张精神范畴高于社会范畴。讲话的名称由此而来，大概意思是"关于起源的讲话"。但是意思不那么简单。文本要么不确定，要么至少有微妙的差别。英文版译者瑞斯-大卫（Rhys-David）抓住了这个特点。他写道，这是"最有意思和最富教益的对话之一……一本关于起源的佛教著作"。[4] 但是他接着说："一种充满善意幽默的讽刺语调贯穿整个故事……谁把故事完全当真，谁就体会不到故事的韵味。"[5]

我暂时忽略讽刺和神秘，把《起世因本经》分解开来进行简短的释义，就好像它是一段言简意赅的布道。我这样做只是为了使你们对整个文本的形式有个概念。

讲话开始是佛陀和两位婆罗门青年人的对话，他们与佛陀的那些和尚们生活在一起，希望也成为和尚。在谈话过程中，青年人提到他们的亲戚，为他们的等级而自豪，很不把和尚们放在眼里。佛陀和善地回答。他总是先提到刹帝利（武士），从而婉转地把刹帝利置于婆罗门之上，但是他指出，在任何情况下，最高等级属于放弃尘世寻求拯救灵魂的反抗者以及和尚。佛陀又指出，即使是征服了释迦族的憍萨罗国的波斯匿王——他征服了佛陀的人民——也因为佛陀精神完善而对他毕恭毕敬。

佛陀接着讲述了神话。宇宙也许消失，但是当它再生时，其中有情众生将会光芒四射，继续愉快地活着。一种（像煮沸之牛乳粥的）甘美的地味逐渐形成，生灵开始贪婪地品尝，但是因为这种以及其他贪婪而愚蠢的行为，世界、生灵和他们的生活变得粗俗了，最后他们有了形体，不得不辛勤劳动种稻子来生活。随着世界的发展，不同的习俗产生了，最后产生的是种姓。当国王被选出来以使其他人保持一致时，武士阶层最先出现，其他种姓也相继产生。为此，武士而不是婆罗门被赋予世界上最高等级。

讲话的课程——刹帝利是最高等级，但是反抗者和和尚至高无上——是以诗句结束的。

在只相信血统的百姓中

至高无上的是武士阶层

但是充满智慧和道德的人

在神和人中最神圣。

（如果我的翻译显得那么没有诗意，原文也不那么有吸引力。《起世因本经》的美不在于其诗歌部分。——作者注）

重新组合《起世因本经》

可是，正像我要论证的，《起世因本经》要比社会和精神学说丰富得多。我从开头讲起。《起世因本经》结构套结构，很复杂。最外面的结构只是几个字："如是我闻。"这句话在整篇佛教文本的开头，但是把它称为一种程式有失其巨大的回应力。其用意很像 S 先生的陈述，说斯达萨嘎尔的故事是他爷爷给他讲的：它把下面要说的置于一个特定的、使人热切感受到的社会环境中，即佛教和尚的秩序之中。

这几个字还有其他的意思，是指建立比 S 先生特定的叙述更明确的传播和散布计划。正如 K. R. 诺曼（K. R. Norman）指出的，和尚以很复杂的方式组成团体，每个人都有记住和帮助别人记忆一段"佛陀的话"的责任。[6] 另外，这些文本受到记忆和文学阐释的影响——重复句子、运用诗句、音韵等——这样人们能够更容易记住、更准确地背诵这些文本。最后，和尚们发展扩大了文本批评的词汇，以便讨论和证明传播的忠实性和文本内容的准确性。结果大量早期的佛教文学——相关的印刷品得有几书架——在写下来之前，也许被口头保留了好几个世纪。我前些年观察到，支撑一种或者另一种技术形式的社会组织至少像技术本身一样了不起。但是现在这种情况中的技术完全是非物质的、知性的、语言学的和社会的，是一个由于完全没有物质基础而更了不起的例证。

属于一个社会阶层的文本的意思也需要一些解释。据我在斯里兰卡的经验，和尚的确把"如是我闻"后面的话当成佛陀自己的话。这些话被认为与他们的遗产有直接联系，是能切身感受到的联系，将当今僧侣对一系列社会生活的感知延伸到遥远的过去，延伸到佛陀的时代。在《起世因本经》的例子中，这种关联后来在文本中很显然被表演感和在一个特殊的环境里为了听众并依靠听众的演讲者的表演所充实。现在要原原本本地再现当初的演示情境是很困难的。但是显然当一个和尚向另一个和尚背诵这些文本时，既是因为其意义，也是为了保留它们。从这一点来看，《起世因本经》——尤其是《起世因本经》——在经院集会上必须有一些像《俄狄浦斯王》对于希腊观众来说所具有的召唤力。它建立了相互理解和相互心智阅读的意义。这样的相互理解和相互心智阅读使得嘲笑、幽默和字词比他们所言更意味深长。

婆罗门0，和尚1

在外层的框架里，我们立刻遇到第二层结构，这就是故事本身，它以某种方式继续深入到谈话里。我把开头尽可能贴近文本的顺序释义：

> 如是我闻。当佛陀在舍卫城东郊的一所房子里休息时，他随行的和尚中有两位年轻人，婆罗堕和婆悉吒。他们希望与他的和尚们在一起。他们暗中窥探到佛陀做完冥想之后要到外面去散步，便靠近他，想听他谈谈智慧。客套之后，佛陀问他们是不是想离开婆罗门的家庭而做四处流浪的和尚，他们回答说是的。

这是一个谈话的故事，发生在特定的时间和场合。细节——这发生在舍卫城，当佛陀在一所房子里那一会儿——和讲故事的 S 先生指明斯达萨嘎尔的故事就发生在"离这儿不远的地方"具有同样的力量。这是一场师生之间不对等的谈话，就此而言，这是范式哲人 P 先生和我之间对话的更强有力、更正式的形式。

谈话的中心不是哲学的，但是关系到婆罗堕和婆悉吒的社会地位。其实提到他们名字时，主题已经提供出来了。佛陀问婆悉吒（他在谈话）的婆罗门亲戚是不是"用特别侮辱的话体无完肤地"骂他们离开家变成和尚。婆悉吒回答说：

> 大师，婆罗门是这么说的："婆罗门是最高的种姓，其他人等而下之；婆罗门是最出色的种姓，其他人都是蒙昧的；婆罗门生来就是优秀的，非婆罗门则不是；婆罗门是梵

天之子，是从他嘴里出生的，是他创造的，是他的后嗣。但是你们从最高的种姓上掉下来，落到了生来低下的……剃了头的乞丐、雇佣的帮手，那些黑得像你们亲属们脚上抖落下来的东西的家伙们当中去。"[7]

佛陀的反驳很著名："当然了，婆悉吒，婆罗门……他们忘了往昔的事实了吗？因为人们知道婆罗门的妇女有月经、怀孕、生孩子、给孩子喂奶，那些典型的婆罗门确实是胎生的，却说他们是……从梵天的嘴里生出来的。"[8]于是以后谈话的场面就定形了。场面是这样的：婆罗门的男孩子离家当了"佛陀的儿子"。他们的家庭没说他们或者佛陀的好话。另一方面，佛陀所持的态度则是，最好的防御便是好的进攻。

我们来仔细看看他们的交谈。这是一场喜剧，但又是非常严肃的。婆罗门是从至高无上梵天嘴里生出来的这一观念是更古老的婆罗门教文献《梨俱吠陀》的《原人歌》中原始人神话的一部分。神话安排了种姓的根源。婆罗门是最高的等级，是从梵天嘴里生出来的；武士是从梵天胸腔里出来的；平民是从梵天双腿里生出来的；奴隶则是从梵天脚里生出来的。面对这一神话，佛陀的生理现实主义是这个对话以及其他地方表现出的佛教文学风格的一部分。

但是我想特别强调这里开始的、贯穿了整个谈话的引言的意义。就像我们以后会看到的，佛陀忽而引用婆罗门的思想，忽而引用婆罗门的思维方式，忽而引用婆罗门经文里的话。要使这样的引文——这里是带有锋芒的嘲讽的引文——有效，讲话的人必须假设听众知道其背景。

这样的引文有助于描述并解释社会环境，把特殊的主题——这里是婆罗门的口头传说——带出阴影，同时与听众共同理解主题的演变。因为一个和尚对另一个和尚提到婆罗门神话时，几乎不可能说好话。与听众共同理解就相当于语言学家黛博拉·塔纳（Deborah Tannen）所说的"参与策略"。[9] 参与策略同时建立了一种与听众的关系，在听众那里不仅建立一种理解，而且是听众所知道的要分享一种理解。这个附加的信息改变了一切，因为他在提供谈话的解释的同时，指出了谈话的情境。此后，对话者——或者这个例子里谈话的人——可以操纵他与听者之间建立起来的关系或者意思，或者操纵二者。意思影响情境，情境又影响意思。

佛陀和两位年轻人之间的叙述性交谈还有另一个维度。婆罗门的主张突出了他们的地位和其他人地位之间的反差。这是粗俗的坏话，但是实际上，语言也有翻译上没反映出来的微妙之处。在巴利语里"种姓"是 vaṇṇa（梵语里是 varṇa），这个字有着丰富的含义。这个字通常是指"颜色"，最开始是用来象征种姓的，尽管这不是指肤色。vaṇṇa 也是指"外形"或者甚至"美丽"，vaṇṇa 所有这些意思在这里和后来的谈话里都起作用。在这段话里，是婆罗门的白、美丽和优越与和尚的黑和卑微形成鲜明对比。这里有一部分肤色的意思在内。也许这是在室外工作和生活的人与用不着这么做的人之间的反差。那么四处周游乞讨的和尚的皮肤很可能是深色的，而（富有的）居家婆罗门肯定不是的。

还有更多的意思。佛陀是释迦族人，而释迦族人是一个特别的种族，其种姓是刹帝利——或者至少他们自认为是。然而在这里，婆罗门显然把佛陀和他的跟随者看成是奴仆，他们的种姓是下等人，是社会的糟粕。因此婆罗门的尖刻评论在我们今天看来是种族性的，不仅关乎肤色，而且是关系到总体社会价值的评论。他们试图侮辱佛陀、他的和尚们以及所有他的民众。

但是佛陀的回答把婆罗门的虚荣和他们崇尚知识归于另一种基本上是生物学的知识上，而一般两者是不会这么结合起来的。在我看来，这不仅是特别贴切的（如果有点粗暴），而且是很有效的。这是谈话的创造性的一部分：它要求对受众做出特殊解释，使得解释有效力。它改变了人们的思想，或者至少使得人们面对反驳、转变和疯狂时保持清醒。

下面的谈话从对话转向布道，发掘了等级的话题。佛陀指出任何等级的人都可能有恶行，任何等级的人也都能避免这样的行为。谈话间，佛陀一再列数种姓，每一次刹帝利总被放在首位。这个话题后来又被扼要地重复过，而且像我已经指出的那样，这个话题贯穿整个讲话。如果我们要说社会里的等级——佛陀可能说过——那么第一位是刹帝利，而不是婆罗门。

同样在这一段里，佛陀提出了其他理由来反驳婆罗门的优越感。他接着主张真正的智慧、道德和优越性不是依附于字面的等级，而属于那些成为和尚、追求拯救灵魂和追求最终自由的人。"这个百姓中至高无上的"——谈话最后一节中完成的一个预示性的短句——是精神的真谛。这里"这个百姓"是指佛教和尚这个阶层。因此"和尚第一，刹帝利第二，婆罗门数不上"这样的分级法在这里相当明确。的确，如果谈话只相当于分解释义，那么最后一节可能就在这里，整个讲话就此结束了。

国王与婆罗门0，武士与和尚2

但是谈话令人惊奇地转了个弯。为了说明自己的观点，即精神最完善的人是"这个百姓中至高无上的"，佛陀说：

> 憍萨罗国的波斯匿王意识到反抗者乔达摩（佛陀）远去过上了从邻国释迦族人那里的和尚的无家可归的生活。而释迦族是被波斯匿王吞并了的，因此释迦族人服从他，向他表示敬意，他进来时，他们起身向他行礼。国王现在像释迦族人对波斯匿王那样对待佛陀，服从于他，向他表示敬意，他进来时起身向他行礼。因此波斯匿王想："难道反抗者乔达摩出身好而我出身有问题？难道反抗者乔达摩重要，而我不重要？难道反抗者英俊，而我丑陋（字面意思为'糟糕的品质'）？难道他有影响，而我不值得注意？"于是婆悉吒知道精神真谛是这个百姓中至高无上的。（我的译文——作者注）[10]

佛陀接着说：

离开家，到不同的人民、有着不同的姓氏、不同的部落和不同家庭的人当中过无家可归的生活

> 婆悉吒，你（和其他人）离开家，到来自不同的人民、有着不同的姓氏、不同的部落和不同家庭的人当中过无家可归的生活。如果问你是谁，你会回答："我们是反抗者，是释迦族人的儿子。"坚定的人……坚信佛陀的人会恰当地回答："我们是佛陀的儿子，是从他嘴里出生的，是从他的真理中诞生的，是真理筑成的，是真理的后嗣。"[11]

人们可以说这只是已经表述过的关于精神生活和拥有精神生活的人的优越性的观点的扩展。但是用这么几个字概括拜占庭式的复杂性，未免不太公平。

来看看等级和相互关系的主题。释迦族人的确服从国王，国王的确服从佛陀。但是佛陀自己是释迦族人，所以国王发现自己服从了他所征服了的人（之一）。再有，国王更为他特有的想法而丢脸：他自以为出身有问题，丑陋或者是品质糟糕，和佛陀相比，自己不重要或者没有影响。这里有什么问题呢？这不仅拔高了佛陀和他的和尚们：这是国王积极的贬低，他的待遇甚至还不如婆罗门，而其动机不是一下子很明了的。

我想《起世因本经》的讲述者和他的听众分享了另一种共识的激动。最明显的例子是征服释迦族人。对波斯匿王的侮辱反

映出他所造成的不公平和压抑以及波斯匿王自己不配当权。如果说他的出身有毛病，是"糟糕的 vaṇṇa"，相比之下释迦族人就是出身好的和上等的 vaṇṇa，这与面对婆罗门阐述的思路是相吻合的。也就是说刹帝利属于更高尚的等级，释迦族显出共和成分而不是彻底的君主制政府，因此像刹帝利这样的等级显然是集体的。进一步来说，他们也和君主世界划清了界限。一些释迦族人的"团体的灵魂"似乎也不再是"佛陀的儿子"，他的和尚们因此又是"释迦族人的儿子"。因此他们不认同婆罗门和新的君主权力制度，而认同佛陀，等于间接地认同释迦族人和刹帝利。

但是这种等级制度与刹帝利以及释迦族人之间的联系总是关系到一个更重要的联系，这就是与精神真谛的联系。与这个等级划分的世界相比，他们的制度是一个熔炉，这里的一切有一个共同的更高的目标，所有种姓融为一体：他们"来自不同的人民，有着不同的姓氏、不同的部落和不同的家庭"。后来，在虚构的神话里，这个主题又被从反面重复：所有的种姓都将被看成是从人类中产生的，本质上都是独特的。

这个叙述的历史性的特点——提及历史上的波斯匿王和佛陀的人民——与对更普遍、更长久的王权的评论是一致的。在早期的佛教文本里，国王们一般来说没有被善待。他们被与洪水、饥饿、瘟疫和强盗相提并论，属于要尽量避免的祸害。无论从扩张性的地方君主制的地方史来看，还是从国王普遍粗暴地行使权力来看，这都是完全可以理解的。国王们在与和尚们的对话中的形象也不佳：他们经常被描绘成能做出最残忍和最愚蠢之事的人，和尚们严厉地警告国王们他们的残忍会给他们来世带来报应。国王们经常被说成是天下最愚蠢、破坏性最强的那类人。的确，一些像波斯匿王那样的国王得到善待，以至于他们支持佛陀及其制度。早期的佛教文学也包括好的和合法的王权的形象，即"正当的征服"。但是最接近《起世因本经》主导思想的关于王权的看法是怀疑论的，是对他们持不信任态度的。

再说，《起世因本经》本身并不直接对王权进行道德说教，而是间接地、讥讽地进行评论，把它置于一个进程中，置于一个相互关联、相互归属和相互阅读心智的世界中进行描述。《起世因本经》以其特有的拐弯抹角的方式生动地捕捉住一方对另一方紧张、警觉的反应，如讲话人对听者、婆罗门对反抗者、释迦族人对波斯匿王。宣言、范式的陈述不可能像叙述、引语、讥讽、兜圈子和多声部——换句话说，用没几个字说明很多事情的艺术——那样忠实地描绘出这种反应。

当佛陀让他的和尚声称"我们是佛陀的儿子，是从他嘴里出生的，是从他的真理中诞生的，是真理筑成的，是真理的后嗣"的时候，这一点很好地体现出来了。这些词句被经过强调的引语以及关于婆罗门早期言论的主题的各种说法充实了。这些话不仅使人们看到和尚们生活方式的绝对品质，还有他们对他们与佛陀关系的忠诚和骄傲，以及他们与古代印度生活的争斗舞台上的竞争者婆罗门之间的相互敌意。

甘美的地味

佛陀继而开始讲述不同的风俗、王权关系和种姓的起源。这是《起世因本经》当中最能抓住北大西洋评论者想象力的部分。毫无疑问，故事的整体很有力量而且很美好。故事总的来说体现了一种退化的趋势，从宇宙被（再）创造出来时最初的完善，到导致王权和种姓制度产生的衰败和道德堕落。的确，故事体现的是典型的和尚的观点，认为国王和种姓是道德不断败坏带来的后果。然而叙述没有可以把道德依附其上的简单的寓言形式。相反，故事的结构性很强，甚至比讲话的其余部分更难释义。

这个复杂性的一个特点是故事情节的特点。我从第一个情节开始，它也决定了其他情节如何展开。佛陀一开始就指出，一般来说，这个世界灭亡了，正在重新演变。一开始，感知的众生、人的所在是由灵魂构成的，生活在愉悦和荣耀之中。然后——这里佛陀突然改用过去式——事情真的开始了。我用瑞斯-大卫的译文来定下调子：

这时，一切都成了水的世界，漆黑，黑得使人像盲人一样什么也看不见。月亮和太阳都不出来了，看不见星星，也看不到星宿，再也没有白昼之分……没有男女之分。生命就只是生命。婆悉吒，还有很长一段时间以后，地球及其气味浮现在水中。地球的出现就像煮沸的牛乳粥冷却后表面的浮渣。它慢慢有了颜色、气味和味道。其颜色就像精制的酥油和黄油；其甘甜就像完美无瑕的蜂蜜。[12]

我认为，翻译的维多利亚经文式的语气抓住了印度学家理查德·贡布里希（Richard Gombrich）发现的文本中的真正回声。因为他显示出许多意象和一些字的用法，令人回到古老的婆罗门文本里关于起源的神话。[13]这些神话讲到原始的混沌、黑暗和无区别的存在，以及浮在煮沸牛奶上的奶沫。就像前面婆罗门关于宇宙间人的神话在谈话中被引用一样，这里又一次用了引语。

而且这里又有讥讽的意思。一个贪婪的人后来尝到了地味，他便开始挖地。其他人也跟着干，贪婪的冲动使得众生自身的光亮消失了，太阳、月亮和星星就产生了。众生继续靠大地生活了很长一段时间。之后：

因为人类继续食用那些营养……他们的身体变得粗糙，vanna和不好的vanna出现了。一些人充满vanna，另一些人没有。有vanna的人蔑视没有的人说："我们比他们充满vanna，他们比我们少。"由于骄傲和狂妄出现在vanna意识中，甘美的地味消失了。甘美的地味消失以后，众生聚在一起哀嚎："啊，美味！啊，美味呢！"所以现在不管什么时候谁尝到好吃的，他都会说："啊，美味！啊，美味！"他们只学了一个古老的、原始的说法，而不知道其意义。[14]

来看看这里可能做的分析。比如说，起源神话的开始可以用庄严的婆罗门的风格，可以使用 vaṇṇa 这个词"美丽"和"颜色"，还有"种姓"和"等级"的双关含义。另外，语气很容易通过妙语带出来，因为"啊，美味"除了"噢！好吃"之外没别的意思。这好像被教士告知，第八天，上帝创造了……肯德基炸鸡。这里更能一下子就看出玄虚、庄严的主题和愚蠢的主题是相提并论的。这里的情节被冠以假辞源也具有讽刺意味。因为婆罗门思想的特点之一是不断造出辞源，经常是假辞源，用意是解释一件事或另一件事的意义。

这段《起世因本经》最像喜剧。但是其中也带有思考和评论的痕迹。众生分成美和丑。通过 vaṇṇa 的双关语义分成高级和低级种姓，这被看成是纯粹衰退进程的产生。但是这个因为愚蠢和贪婪而产生的衰退过程有着严重的后果。它反映了波斯匿王的想法，也就是他是具有 vaṇṇa 的。我想这里出现了一个更深层的提示，暗指和尚们自己的，也就是听故事人的秩序的精神。相比之下，他们是不可区分的。他们都是"离开家，到来自不同的人民、有着不同的姓氏、不同的部落和不同家庭的人当中过无家可归的生活"的人。所以众生的愚蠢是世界的典型，与无世界性相反。这个无世界性把和尚们一起带到一个无家可归的唯一的种姓里。这一早些时候就出现的主题，再次出现时更加突出。

故事通过另外两个更虚假的辞源追寻众生的退化，其中一个词的意思是："哎呀！全完了！"到这个时候，人类只好为生存工作，只好去种稻子。他们越走越远，把地分成私有财产，你可能以为他们不会再沉沦下去了。但是他们还接着往下走，因为一个贪婪的人占了另一个人的一块地。人们抓住他，骂他，往他身上扔脏东西。但是有人还跟他学。很快他们都开始偷摸、互相谩骂和谴责。下面是他们如何做的：

> 人们凑在一起开始抱怨："现在偷盗、谴责、撒谎和惩罚都全了。咱们来选一个人，有值得气恼的事，他适当地愤愤然；有值得批评的事，他能提出恰当的批评；有必要驱逐时，他能正确地使用驱逐手段。咱们把咱们的米分给他一些。"
>
> 于是他们来到长得最帅、最有吸引力、最讨人喜欢、最有影响的人面前，对他说："某先生，你就是那个人，有值得气恼的事情时能适当地愤愤然；有值得批评的事时，能提出恰当的批评；有必要驱逐时，能正确地使用驱逐手段。"
>
> 他答道："那好吧。"[15]

下面是一串辞源：

> 经众人一致同意，婆悉吒，于是"一致同意"是第一个出现的词。【摩诃三摩多指"一致同意"】
>
> 分封的诸侯，婆悉吒，于是"刹帝利"是第二个出现的表达方式。【刹帝利指武士】
>
> 人们喜欢他，因为他主持正义，婆悉吒，于是"国王"是第三个出现的词。【王指"依法令他人喜悦"】

于是，婆悉咤，根据这些古老、原始的表达方式，产生了刹帝利阶层。他们属于这些人而不是其他人。他们与其他人是同样的人，没有什么区别。这是按形式完成的，不是非正义的。

关于"国王"和"武士"的词在巴利文其他文学里很著名，在今天也很容易理解。这些辞源上的双关语义，在新的环境里识别出日常用词时的激动也非常直截了当。但是"一致同意"却成了问题，因为在早期的巴利文学里它不是以这种形式出现的。那么，这是什么意思？和尚们听到这个词汇时，他们透过新形式看出了什么？

我想我可以先回到演讲《起世因本经》的情境中去。正如我强调过的，寺院里的讲演者和听众有着某些共同的价值观——我现在要说——某种社会经验。社会经验包括：首先，从建立秩序开始，把所有种姓、等级和生命之旅归结在一个条件下，即僧侣制度。第二，秩序是根据"大致平等"和"一致认可"的原则——或者至少根据比他们所处的社会更平等、更能达成一致的原则——组织起来的。这些原则一再被强调，贯穿佛教文本，相互协调、相互支持、相互照应。

与这些价值观从根本上对应的是对于一致与和谐密切甚至谨小慎微的关注。秩序的官方文件，如任命新和尚、命令一位和尚去完成某项任务或者平息一场争吵，必须由和尚们集体一致同意。如果我们说佛教秩序有一个宪法，那么这个宪法最早的形式是强调完全一致是集体政府的主要工具（以及日常事务中实际的老人统治）。于是，正如史蒂文·柯林斯（Steven Collins）指出的，"一致同意"这个词语可能的根源是秩序组织：*sammata*，而相关词语通常用于说明一致同意的任命和惯例。[16] "一致同意"不过是一个和尚被指定去完成某些通常是临时的任务。这个说法在整个段落中反复出现，关于某先生和武士根源的一致看法是在"同类"人中"根据形式"得出的。所以根据柯林斯的论述（这可能是最有价值的论述），这个子虚乌有的第一个国王和第一个刹帝利闯入叙事以及佛教的历史，采用寺庙的合法的术语，并令听众想起他们的寺庙宪法。

但是还有更进一步的层次。按另一篇著名佛教文本的解释，秩序的宪法是按照很像释迦族武士们的宪法制定的。这些人，也就是弗栗特人，一致与和谐地管理他们的共和国，"和谐地聚会、和谐地发展、和谐地做生意"。[17] 像释迦族人一样，他们受到邻国国王的威胁，甚至有可能被吞并。这个特殊的事件在《起世因本经》中没有被引证。再有，文本成形时，这种征服像征服释迦族人一样，促进《起世因本经》引发更广泛的社会意识和历史意识。《起世因本经》中的刹帝利和"一致同意"，比丑恶的"不起眼的"波斯匿王更"有吸引力、讨人喜欢、有影响"。波斯匿王的权力与"一致同意"相去甚远。但是现在和未来属于他和他那类人。因此这段话幽默中透出悲凉，这种悲凉来自记忆中的、但是正在很快消失或者已经消失的政治秩序。

"一致同意"在这种政治环境中能行得通吗？"摩诃三摩多"

难道是释迦族人从寡头共和国的平等中选出的首领的称号？也许是。如果真是如此，这就进一步加强了讲话的深度，但是我们完全不知道。

还有，起源的故事绝不仅是一个政治评论，因为讲话的人刚解释完刹帝利的起源就转向了婆罗门。它们似乎出现在一些人身上，这些人注意到"现在偷盗、谴责、撒谎和惩罚还有驱逐都存在了"。当然，驱逐是新的，是有吸引力和有影响的某先生干出来的事。这些人为了"去掉他们身上的邪恶和笨拙的习惯"决定到树林中的小木屋里去沉思冥想。运用"去掉"和婆罗门中有一个遥远但很明显的双关语，这段话也使用佛教术语，清晰地反映了秩序的实践与观点。再有，关于人们远走的描写，他们把婆罗门附属的家庭和礼仪抛在身后，到村子里去讨施舍，很明显包含了大量婆罗门的文本。这种佛教术语和婆罗门引文的混合使幽默怪诞的感觉延续，时常在起源神话中浮现出来。

于是就产生了反抗者和冥想者。然而有些人受不了苦行僧的生活，于是他们在村子附近定居下来，开始编纂婆罗门文本。这些失败的反抗者不是"冥想者"，却成了"吟咏者"或者"非冥想者"：我们所熟悉的婆罗门文学的"吟咏者"。"那时他们同意他们是最下层的，婆悉吒，但是现在他们被认为是最好的。"[18]于是婆罗门被排斥了。农夫与奴仆也好不到哪里去。农夫是进行性交和做各种买卖的人，而奴仆们则狩猎。这些活动都是佛教训导所不赞成的。总的说来，其他种姓在这一部分变得非常糟糕，而反抗者和刹帝利还相当不错。

故事到此为止结束了，佛陀以训导、断言、范式的语气回到原来的主题。任何种姓的人都可以成为和尚，因此"和尚的圈子"是由种姓的"四个圈子"组成的。任何种姓的任何人都可能是有道德的或者是邪恶的。任何种姓的任何人都可能成为和尚，获得自由，等等。在最后的段落里，观点又改变了，不再像早先那样对武士和释迦族人消失的生活方式如此热衷或至少怀恋。就此而言，更应该强调结尾诗句中"仅有"的含义：

> 在只相信血统的百姓中
> 至高无上的是武士阶层
> 但是充满智慧和道德的人
> 在神和人中最神圣。

《起世因本经》就此结束了。"佛陀是这么说的。婆悉吒和婆罗堕对他的话心悦诚服。"

镜中世界

如果我们暂时把《起世因本经》当成显而易见的存在，看成是历史文献，看成像墙上的镜子照出景象那样被动地反射出当时的世界，那么这个世界明显是变形的，是处于不断变化中的。变化之一是过去的政治和社会秩序漫长的衰落以及发展成帝国的君主制国家的兴起。恒河平原的人民被束缚在沃尔夫所说的"产品进贡制"之上，统治者通过威胁或者武力从他们的臣民那里榨取剩余物资。这种生产方式超越任何社会、文化或者人民：释迦族人和弗栗特人可以证实这一点。这些新的关系不是《起世因本经》中的明显主题，但其实是其结构的经线。

另一个变化完全没被明确地提到过，但却是《起世因本经》中的纬线，这就是佛教秩序的兴起和建立。佛陀到来之前，肯定存在着一个真正的社会团体，一个松散的反抗者的组织，而且毫无疑问，他们是非常好争执的。佛陀在其身后的舞台上留下明显的痕迹，一个新的制度和一种新型关系。有些关系是秩序中的关系，但有的则是与反抗者以及周围社会的关系。

我来做进一步的分析。《起世因本经》反射出的世界变异的本性只是硬币的正面。另一面是这个世界的多样性。虽然文本是由相对连贯的观点，从欧文·戈夫曼（Erving Goffman）称为"整体机制"的内部所组成的，它却描绘了秩序和和尚与其他机构的关系，这些机构体现了不同并且相互矛盾的实践与价值观。根据《起世因本经》，佛教和尚确实代表了那个世界中其他人的统一看法。他们确实通过解释自己或者其他人的意见和观点在寻求所谓"普遍征服"的知性方面的胜利：简而言之，通过设计自己的范式思维形式并将其推向论证来征服。但这并不是说婆罗门普遍加入了秩序或者他们其实都被征服了。相反，佛教徒越是坚定，那个有创造性的文明中的婆罗门、耆那教以及其他教派和信仰的对抗也越是根深蒂固。那个世界里有许多中心，但是没有一个中心、没有一个权威是为了所有人、对所有的人说话的。

还有，如果我们仔细看看《起世因本经》，我们可以发现它在很大程度上是多元化的。或者更确切地说，它是由秩序和和尚与其他对抗的、有敌意的人之间的关系构成的。比如来看看最后的诗：这是优越感的陈述，如果隐喻没有指向任何事物或任何人，诗就没有意义。同样，关于秩序特性的陈述，即一个圈子里的人来自四个种姓，只能通过比较来进行。如果我们做一次粗暴的思想试验，把所有对"自我与他人"的意识的痕迹从《起世因本经》中去掉，那就什么也剩不下了。

这是《起世因本经》中的相互作用的特性。确切地说，这里的相互作用与讲故事的人 S 先生和我自己之间的互动是很不同的。后者是很原始的互动，一种直接的、面对面的会见和交流。然而《起世因本经》中的互动是所谓的"爆发性互动"。我脑子里的形象是一张机器的，比如说是小孩自行车的图纸，父母用来当作摸索着把自行车组装起来的说明书。机器好像是爆炸时的样子，四分五裂，但是螺丝和螺母还在原处。

《起世因本经》的核心爆发互动是在听众与佛陀之间进行的。听者的确没有真的遇见佛陀，没有真的听到他讲话，只是和尚们在传播他的话。然而就延伸而生动地想象出的意义上来说，他们被带到了伟大导师面前：他们面对着他，就像如今和尚被教导要把他当成老师和导师那样向他的画像行礼。这里我想到了本尼迪克特·安德尔森（Benedict Anderson）的理论，即现代民族国家是一个"想象的共同体"。他认为通过各种媒介，民族国家的公民们开始把自己甚至整个民族想象成一个面对面的共同体。即使别人不在场也不会在场，那种对"自我与他人"的想象也有助于创造一个有真实意义的民族性。出于同样的原因，《起世因本经》及其情境的爆发性互动超越任何现存的团体并且面对更广阔的世界，创造了佛教秩序及其导师的复杂的意义。

我想把爆发互动的概念进一步引申是有益的。听众与佛陀交流，但是继而通过他的（叙述）能力，他们要么证实、要么面对一系列人物：婆罗门的亲戚、波斯匿王、释迦族人、众生。被记录的互动是间接的，发生在听者从未遇见的人们当中，其中有的人甚至不存在。从纯粹文学的角度来看，描述这些人物及其关系的方式具有艺术性而复杂。真实性和讥讽、直接陈述和间接暗示的混合是错综复杂。然而人物及其关系以某种方式达到了生动逼真，听众好像直接、清楚地观看一个世界并承认其真实性。

当然了，在此意义上，意识到斯达萨嘎尔和水牛的主人之间的互动也是爆发性的非常重要。的确，S先生给我讲的斯达萨嘎尔的故事以及和尚们世代讲述的《起世因本经》是两个极点。一个很短，是自发性的，显然不具艺术性。另一个故事较长，经过雕琢，颇具艺术性。然而二者举着同一面镜子，照着一个离对话者的情境相去甚远的世界。二者都把那个遥远的世界和现存世界之间的关联强加给听者。

举起镜子

在这方面，《起世因本经》远不是一部文件，一面被动的、固定的镜子。它是一种工具，是作为工具用的镜子。有人拿起镜子让你看看你对发式是否满意，或者让你看看你鼻子上有一点口红。这是一些人为了一个目的给另一些人创造的。在这种情况下，目的是启发、告知，在解释恒河世界的过程中，用人物、典型的情节以及一系列行动来解释精神真谛。《起世因本经》传播了一种社会理解。

那种理解的特质是什么呢？一方面，《起世因本经》的一部分是特殊的，关注的是独特的人和地点：舍卫城、佛陀、波斯匿王。但是艺术性部分在于它从特殊的人物延伸到普通类型。比如说婆悉吒和婆罗堕是有名有姓的，但其实他们是一种类型，即在佛教徒看来是那类好的婆罗门，愿意支持或者加入秩序的婆罗门。另一方面，他们的亲戚是那种坏的婆罗门。波斯匿王又另当别论，他和释迦族人的关系也相当特别。但是他作为体现武士普遍理想和成为反抗者的人的理想的国王，对于他的普通关系来说也是很重要的。如此传播的理解不是我早先强调的那种对神的理解或者对遥远历史的后见之明。它只能足以让一个和尚适应一系列行动，使得他对自己的行动负责，具有相应的社会意识（那种意识和我说的意识不同，因为和尚只能是和尚，而不是历史学家或者人类学家）。因此背诵《起世因本经》是恒河世界的一系列活动的组成部分，是人们为促成事情发生而对其他人所做的一件事。

很容易看到秩序的建立与《起世因本经》以及相关的文本的集体创作是创造性行为并且有利于变异的产生。然而这又引起了另一个问题。《起世因本经》现在有了生命，那时也有生命。我们应该如何看待一件保存了两千多年的东西，尽管这件东西一开始可能是新鲜的？那么我们会不会把《起世因本经》看成与传统的停滞相关，而不是与变异和创造性相关呢？当然了，任何事物都可能变成是陈腐的、天经地义的、老掉牙的而且是重复性的。任何事物都可能变成是传统的，像是社会潮流中的固定标记。但是《起世因本经》的命运本身就是有教益的，因为它使得一系列漫长的变更和创造行为产生了。

一方面，在以后共和武士的理想或者起源神话中产生了第一位国王的社会契约的历史中没有任何痕迹。尽管神话对我们来说可能成为那类或许是最早的有关平等的政治秩序的故事，这类事却从未出现过。也许就在佛陀死后不久，寡头共和就从印度舞台上消失了。就此而言，《起世因本经》总体来说埋没在流传下来的佛教文学当中：它早期肯定曾经广为流传，但是其力量消失了，很少有人完整地引用它。

但是这远不是终结。尽管文本好像废弃了，但是一个人物却从中诞生了，一个被誉为"一致同意"的人物，摩诃三摩多。找到其源头是不可能的，但是我们可以谈谈他产生的环境：他最早出现在佛教王国中形成的佛教文学中。因为，印度文明继续变异时，佛教的君主产生了。他们当中最大的皇帝是阿育王，其鼎盛时期是公元前三世纪。佛教秩序很适应这个变化，被赞赏的佛教君主的故事和颂扬他的故事广为流传。这些故事中有一个关于一位稍新一点人物的稍新一点的故事。这就是关于释迦族的第一个皇帝摩诃三摩多的故事，他是佛陀和国王们的"太阳王朝"的祖先。这里摩诃三摩多的地位有所上升，无论在其服饰还是在重要性上都有所体现。关于这类故事的印度历史不太清楚，但是阿育王派佛教使者来到斯里兰卡。后来很多年以后，斯里兰卡也成了佛教王国，他们的国王把他们的血统上溯到摩诃三摩多。

摩诃三摩多历久不衰，在新的环境里又有新的故事。斯里兰卡的佛教又传到缅甸，据罗伯特·林格特（Robert Lingat）观察，公元十一世纪，浦甘地区的缅甸和尚像在斯里兰卡一样变成了支持君主政治秩序的文人和知识分子。比如他们负责制定地方法律，想方设法使他们的法律条文有源可寻。于是就想到了摩诃三摩多。林格特说：

摩诃三摩多，世界上第一个国王，被他的人民选出来终止混乱，提出了解决问题的要点。【地方法律】的原则肯定是他提出的……但是他是正义的国王并且只能解释法律。于是我们的作者抓住传说，适当进行补充。他们给摩诃三摩多加了一个顾问，（另一个婆罗门）隐士摩努……他们想象智者出现在天际，到达铁围山，即世界的围墙，上面用水牛那么大的字刻着统治这个铁围山的法律。这正是隐士摩努记忆里反复出现的法律条文，被写进了（地方法典）。[19]

这样下去直到不太久远的过去在斯里兰卡，正如人类学家 S. J. 汤比亚（S. J. Tambiah）注意到的，僧伽罗的村民们仍把摩诃三摩多看成"种姓制度的制定者并把【地方上高级的】种姓中的某些团体地位的降低看成是第一个国王的法令"。[20]

我用《起世因本经》来说明人类生活中的变异和创造性并且显示人们是如何用故事来创造新的社会形式的。但是《起世因本经》也被用于一个矛盾的目的，来说明我这里所说的文化和摩诃三摩多社会的"海贝"观是什么意思。以汤比亚的观点来看，《起世因本经》绝对是佛教王国的创始神话。根据这个观点，其意义在当代斯里兰卡历史和古代印度史中一样，从根本上超越了历史的偶然性和明显的区别。在他的叙述中，这是一个关于国王的神圣起源和佛陀对王权的制裁的故事。汤比亚论证说，从这个角度来看，事情没有变化。

但这不可能是正确的，因为这假造了对《起世因本经》的甚至最通常的字眼的解释，它漏掉了摩诃三摩多所经历的最令人惊异的变化。仔细阅读《起世因本经》可以看出，它不是亘古不变的文化形态的证据，而是共同的社会生活不可逆转的多样性和不可阻止的变异性的证据。

第八章　怪物、科学

　　我来概括一下到此为止的论述。一开始我指出，人类多样性比想象的更难以解释。我们不只是动物，不只是被动地在我们各自的社会和文化中成形，因为我们也积极地对社会进行创造和再创造，产生新的生活方式，这一切需要更惊人的能力。我接着论证，我们使得这些能力进化，我称之为社会性。这些能力包括社会智能、对"自我与他人"的强烈意识、创造性和叙述性思维，是作为社会和文化多样性基础的人类的共性。

　　在后三章里，我拓展了这些能力及其含义。我着重考虑叙述性思维，因为它很少被探索，也因为它概括了人类的社会性，使得人们行动时意识到他们身陷其中的一系列行动。我展示了我们的社会与我们关于社会的知识完全是相互作用的。我还显示了人类经验变异的特性——或者换句话说就是丰富的社会形式——是与相互作用的特性紧密相联的。

　　因此，我已经——虽然只是粗略地——涵盖了人类学一圈问题的大半圈，即人类在多样性中的统一。我现在转向剩下的小半圈，即人类学本身的问题。

也许表述这个难度的最好句式是这样的：与我探讨过的其他生活方式和思维方式一样，人类学也是发明出来的。它也存在于一个创造出来的、可变动的、特殊的社会形态中，也属于人类社会经验变异的潮流。就其规模而言，它是最近并且是小范围的机构和思想，19世纪在英国、美国、法国和德国生根，20世纪蓬勃发展。换句话说，它是特殊时期特殊环境的产物，是北大西洋边缘的晚期殖民和新殖民地社会的产物，正像佛教和耆那教一样，都是不同环境的产物。

现在这种比较动摇了许多人类学家感觉到或者在他们的作品中表达出的信心。的确，如果被推到极限，它会动摇我到此为止说的许多东西。如果人类学家把他们自己看成只是各种生活方式中的一种，只是许多人类可能性中的一种，那么，除非毫无道理的狂妄，这么一种有局限性的眼光怎么能对我们所有这些不同的物种并且为所有这些物种说话呢？既然人类学家自己通常坚持认为知识对于其历史和文化环境来说是相对的，那么什么能保证人类学家肯定有特殊的、权威性的话要说呢？这是一个经常提出的问题。严格地说来这是一个学科特有的问题，因为人类学家职业性地怀疑自己的假设。他们怎么能学会清楚地看待别人的假设呢？但是最近十来年里，问题上升到含义更广、侵蚀性更强的关系到人类学事业的价值和特性的疑虑。

这个怀疑集中在人类学集体的实质性的努力，也就是民族志上。民族志可以说是人类社会生活多样性的图解。它是人类可能性的档案，提供了本书开始时涉及的实际多样性知识。大部分档案都是一大包一大包的，也就是说是包括关于一个民族或另一个民族的长篇大论的文稿。这里的概念是，任何生活方式都是非常复杂的，其各个方面错综复杂地交织在一起，十分微妙，最好进行详尽而广泛的分析。再有，这些手稿都来自相当漫长的田野考察。对一组人数相当少的人通过或多或少面对面的关系的深入研究，其时间长度是以年而不是以月来计算的。正如乔治·斯多金（George Stocking）所强调的，"这种调查方式比一种收集材料的方式要丰富得多"，因为它把所有的价值"放在田野考察上，因为构成基本经验的不光是人类学知识，还是人类学家的知识"。[1]

从这个角度来看，不确定性表现在民族志学者工作的两个方面。一方面，他不能只历数或者罗列人们生活的这个或那个方面——他们的土地所有权、他们家庭的大小、他们的清规戒律等——还必须知道他们之间是如何互相关联的。最好的也的确是唯一的方式就是作为那个社会环境中有责任的一员，与他们在一起生活。这通常被称为"参与者的观察"，但是我更愿意称之为"参与性学习"，以便抓住过程中不可避免的黏着而参与性的特质。人类学家学习人们如何通过自我评判来互相评判，或者成为场景的一部分来互相评判，他们与场景的联系如此紧密，可以对人们彼此的判断做出直接、私密并且发自内心的反应，通常带着不适和困惑。因此人类学家不得不像儿童那样，运用同样的装备，学会审美标准。

因此，人类学知识始于个人在特定时间、特定地点关于特定人群的知识。这可能被视为一种力量，但它也受到反对，就是说如果知识只是个人的，那么它只是你的知识，因此不一定是对他人有效的知识。这在微观上反映了更大的不确定性，人类学是你的社会知识，而不是任何时候每个人的有效知识。

这种不确定性也与田野考察的成果，即民族志档案的手稿有关。这里的关键是，这些手稿是按特殊形式写成的，直接或间接地强调人类学家的确经历了他所写的事情。但是这使得民族志受到反驳，即其合理性不是事实，而只是文学。当代北大西洋其他地方突出地以解构主义和后现代主义为基础的学术风格使得这种驳斥更加可信。根据这条线索，正像克利福德·格尔茨所说的，民族志著作的权威性在于作者让读者确信"他们的确深入到……其他生活方式中去了，确实'去过那里'"。[2] 在这种情况下，民族志变得似乎（更）是想象力的成果，是一支笔和纸的相互作用或者是键盘和荧光屏相互作用的结果，而不是实际经验的产物。于是格尔茨写道："像量子力学或者意大利歌剧一样，【民族志】是一种想象的工作，不像前者那么夸张，也没有后者那么有条理，民族志的责任或者信誉只能在传奇小说家【书写过去的伟大人类学家】那里，他们梦想出了民族志。"[3] 在最后两章里，我将认真分析这些驳斥，把这些驳斥当作人类学事业和人类学家对人类多样性的理解的中心问题。

我的大体观点如下。是的，人类学研究的确是基于个人经验和个人能力的。这些能力使人们首先在孩提时期参与社会生活、学习美学标准，或者在成人时期学习或创造新的审美标准或生活方式。就像移民能够学会接纳他们的社会的生活方式，或者一个皈依宗教的人能够参与新的宗教制度一样，一位人类学家也能够学会理解新的生活方式。从这个角度来看，人类学田野考察是人类生活中的一个大主题的小变体。它体现了在史无前例的形势下一系列事件不断相遇的过程。尽管人类学家们享有更多的特权，他们却与拉蒙面临同样的困难。我曾经论述人有很强的应付意外事件的能力，因此我们不必惊讶人类学家也能够做到这一点。

现在问题出现了，人类学家从相遇过程中获得的知识的特性是什么呢？我想这的确很复杂，部分是由日常知识，如心智阅读与叙述性构成的。在此基础之上又有了范式知识的结构。这种知识是集体的产物，是特定时期以特殊的标准在一个特殊的机制里形成并确立的知识。这确实使得人类学知识是相对的，而不是绝对的。但是我们必须看一下其他知识来了解这种相对性的分量。

比如我曾经论证佛教和尚有他们的集体成果，他们的神圣文学，就是在一个特殊的机制里根据特殊标准形成的。人类学是否也是这样的呢？还是更像其他人类产物，比如集体创造和集体运用科学知识，提供了你桌上的电脑？我想如果我们在那个范围里进行分析，我们可以说无论我们如何看待它，人类学知识是可靠的，我们完全可以相信（好的）民族志足以证明人类学家为什么在田野考察上耗费资金和健康以及为写作花费时间而备受煎熬。

艺术还是科学？

在这一章里，我集中分析主题田野考察的一面，讨论民族志学者在田野学到的东西的可靠性。丹·斯佩伯（Dan Sperber）是在这方面取得很大进展的作者，我将从他开始的同样的人类学证据样本入手，摘自 E. E. 埃文斯—普里查德（E. E. Evans-Pritchard）的《努尔人的宗教》中的一段话：

> 一位努尔人在一次常见的圣餐上面对家庭和男性亲属的默然反对为自己辩护时，我正好在场。人们让他明白大家感到他因为放纵食肉而危害了牧群。他说这不是真的……他家人说他危害牧群，那好吧，可是他杀牲口是为他们好，是"用牲口为他们赎身"。他一再重复这句话，历数他家里人生重病的例子，描述他每次为了安抚魂灵牺牲的牛。[4]

斯佩伯接着解释道：

> 在大部分民族志工作里你会找到类似的直白的真实叙述。然而每一个单独的陈述表明的都不是一个纯粹的观察。"默然反对"不可能是观察到的，而是猜测出来的。同样，"人们让他明白大家感到"……也是一种对经常是模糊但是很复杂的习俗的干预。这些推断可能不是民族志学者直接做出的，而是给他提供信息的人做出的。由此产生的描述实际

上是民族志学者从他所理解的给他提供信息的那些人告诉他的他们所理解的东西里挑选出来的。[5]

我们很难在很小的篇幅里公平地谈论斯佩伯微妙的论点，但是他的基本观点如下。我们能够指望"对事实的叙述"，一种"纯粹的观察"，或者一种"描述"，这种描述是从人类学出发的，但不是以民族志和现在实行的民族志田野考察为基础的人类学出发的。真正的人类学更像是认知心理学，并且斯佩伯认为，认知心理学毫无疑问属于"科学"的范畴。而民族志则是一种解释性的学科，目的在于理解和诠释文化，也就是使得难以理解的变得让人理解。人类学则相反，目的在于科学的解释，特别是对于某些精神特征的科学的解释。民族志的解释只有伴随着"恰当的足以解释其经验性意义的描述性评论"才能成为人类学的科学资料。根据《努尔人的宗教》的例子，这种评论必须明确指出谁讲了什么以及什么是民族志学者推测的。然而，在当前现行的民族志里，被出示的民族志的证据不是事实，不是纯粹的观察，不是描述。这是解释，而其经验性的意义是不确定的：我们不能清楚地说出那个陈述的目的是什么，也不能明了地讲述其作者可能是谁。大多数民族志可能也从来没有期待具有真正的科学地位。

斯佩伯因此很干脆明了，我也很干脆而明了地不同意他的看法。相反，我认为，把科学知识的概念作为这些观察的基础是错误的，"纯粹的观察"和埃文斯-普里查德的解释之间暗含的对立也是假的，我们因此可以认为他"观察"到了像"默然反对"这样的现象，民族志学者可能直接"介入"，这样明显的诠释性陈述能够轻易提供有用的经验性的含义。

鬼怪、科学

这一章的很大部分绕了一个很大但必要的圈子。问题在于深深影响了许多社会科学作者的被接受的和缩写的科学版本。通过首先考虑物理学或植物学来处理人类学问题似乎很奇怪。以这种方式思考人类学甚至似乎是不得要领的。然而事实上，正如佛陀及其追随者没有资源而只能用种姓理论来谈论社会，尽管他们拒绝支撑这个理论的假设，我们说到知识时必须用科学知识的术语。于是，比如说我们发现格尔茨注意到"从广泛的传记经验中招摇地建树起来的怪诞的科学知识"：他的目的是解释他的民族志证据的概念，但是他发现他只能通过与科学进行比较才能做到这点。我们在当代北大西洋社会中把自然科学看成是很典型的知识是非常确定非常清楚的，而且把科学当成其他知识的水准基点。

那么如果非这样做不可，我就从科学知识入手。我接着会指出，把科学知识的概念作为绝对的标准点是不切实际并且是对科学概念的误解。更现实地掌握科学会使得人类学家防止通过比较把他们自己的活动漫画化。一旦摆脱了人类学家所做的一切是否科学的顾虑，我们就更能确定他们从事的工作的真正特点。

关于科学实践的观点，我主要倚重迈克尔·波兰尼（Michael Polanyi）、约翰·齐曼（John Ziman）和伊恩·哈金（Ian Hacking）所谓的"修正社会学现实主义"。[6]这些作者的核心直觉是，科学是一种人类活动，因此与人类实践的世界并没有如此疏离，以至于产生绝对真理、绝对事实或绝对自信。他们关于真理的理论不是对应的理论——事实与世界是一致的——而是一个务实的、考虑真理衡量标准的理论。

这其实是知识和活动之间错误的分叉，产生了无条件的、游离出来的而且现在被误认为是科学知识的鬼魂。正像哈金指出的："这种伤害来自对体现、思想和理论的痴迷，牺牲了干预、行动和实验。"[7]或者换句话说，如果我们更深入地挖掘科学工作的行为（就像我建议我们深入挖掘人类学工作的行为），我们会发现更多的细微区别、更少的绝对形象。哈金的确把像计算、造型、构架、理论化、思辨和粗略地估计等活动看成仅仅是科学家工作的一部分。他们也衡量、检查、记录、操纵、混合、建设、校准、制造机器，并且，我还要加上，他们还咨询、论证、阅读、发表，并且还有很多其他基本的社会行动。科学家们当然也要体现，比如一张表格、一个图形、一张图解、一系列方程、一个口头描述、一个模型。但是我们不必认为这些是真的，而只是多少有用的。"当事情有了最终真理时，我们所说的很简练，这是真的或者假的。这不是体现。当我们像在物理学里那样体现世界的时候，并没有一个事物最终的真理。"[8]这和我们通常的、不准确的科学观点形成鲜明对比，哈金这样概括："当科学变成关于现代世界的正统观念时，我们有一段时间可以幻想存在着一个我们能瞄准的真理。那是（我们以为的）世界的正确体现。"

修正社会学现实主义的一个必要部分是，某些问题有不同的表现形式，这些表现形式可能相互竞争，但也可能只是替代方案，每种表现形式在处理眼前事务时各有优势。这还是一个科学的观念，适合于更广泛而富于历史信息的科学变化和可变性的观点。就我的目的而言，哈金理论的效果在于消除了因为我们认为科学判断是"真理"从而不假思索地赋予科学的形而上学的绝对意义。

最后，修正的现实主义是社会学的，是因为它承认如此产生知识是由相互关联并且生活在广阔的人类事件潮流中的人创造出来的。正如齐曼所指出的："科学的认识论内容就其形式和整体性而言离不开这个社会机制用来塑造和统治其成员的方式。"[9]科学具有社会和思想的历史，因为新的论据和论点的概念可能出现，旧概念可能消失，对于这些事件的解释不可能局限于非个人成功的结果。没有知识是更为"简单的"知识，而所有的知识对于某个知识团体来说都是相对的。我们不必以为科学是超越人类世界的，它更是包含在人类世界中的，就像我们在某时某处正在做或者已经做了的那些事情。

如果这些关于科学的总的观点被接受，那么我想对于斯佩伯的作品来说，对于其他不甚明了地把人类学比作科学的人来说，对于他们含蓄地采取的绝对现实主义观点来说，这些观点的含义至关重要。根据绝对主义的观点，科学论据和论点超越了我们人类世界的社会性和历史性，民族志与这种标准较量似乎只能是不可靠而且微不足道的。然而我们看到科学实践没有超越我们人类世界：它们也是人类活动，是人类历史的一部分，也是人类相互所做的、同时为自然界所做的一切的一部分。用这种眼光来看，科学比我们想象的要褊狭，没有我们以为的那么具有普遍性、那么强大。因此解释性知识和科学知识之间对立的一个极点应该去掉。我们将从把人类学知识与不可能的严格标准进行比较的强大的潜在冲动中解放出来。我们会免去迫使我们把真理绝对化的鞭笞。只有这样一种强制才可能引起这种反应，即认为民族志是"讲故事的人梦想的"产物。

　　我们还能得到进一步的解脱。正如哈金和其他人所论证的，这种修正的现实主义还需要有不同的推理模式和不同形式的证据，来适用于不同的学科、不同的表现方式、不同的干预和不同操作。这些区分支持抛弃科学是真理唯一的试金石的观点，认为每个学科都有自己特殊的严谨和论据。我们的确可以扩展我们的视野，因为根据这个观点没有理由只停留在自然科学上。正如保罗·罗斯（Paul Roth）所说的，即使在社会科学里，我们也仍然关注"如何在一个选定的视野内恰如其分地保证我们的诉求"。[10]

主体间形态的识别

　　既然我们兜上这个圈子进入科学，我们也可以进一步把一些思想带回来。我现在想引入一些概念，齐曼用这些概念来描述许多他称为"可靠的知识"的自然科学。我看到这里有一个危险，因为当我把这些思想用于民族志时，人们可能以为我确定人类学就像，比如说植物学。这就是全部。不是这样的。我要说的是，有一个经过北大西洋社会发扬的为集体创造知识而设想的普遍规则，同时存在着作为这种创造基础的人类共同的能力。到目前为止被理解得最好的是关于自然科学的普遍设想和一组能力。

齐曼对科学知识的理解包括三个因素：一个有知识的人的团体、他们可以领悟感知的东西以及人们能达成共识之处。在这里，我关心的是团体和感知性。

团体是由所有原则上能够领悟和报告同样自然现象——比如试纸上颜色的变化——的人组成的。在此意义上，所有的观察者都是可以互换的，也正像齐曼所强调的，观察者的互换性或者等同性是"所有科学的基石"。[11] 为了分辨出这句话的意义，我们只要问我们自己如果只有英国教会成员能够观察到试纸上颜色的变化，只有登记加入民主党的人能够辨别中微子，或者只有说班图语的人能够衡量晶体增长，那么科学会是什么样的。原则上进入科学观察者团体具有普遍性，尽管实际上入门有很多偶然性。这个"原则上"的普遍性引导着科学的自我理解和常规程序。同样，照此看来，"原则上"一个民族国家成员的面对面团体虽然在很大程度上是虚构的，但却是真实的，因为它引导公民的自我-他人的意识。

科学观察的普遍性在我们接受对科学的理解时是很突出的，

而其集体的特征则没那么明显。但是当然了，如果这样的观察是特殊的或者是在与外界隔绝的情况下私下进行的，互换性的原则就没有太大意义。在这个意义上，整个科学大厦是建筑在共同感知、人们共同领悟事物、同意和分享领悟的能力之上的。

另外，齐曼接着说，"共同感知的可能性有赖于许多人和动物都有的普通的能力。虽然我们没有有意识地努力，但我们都有了不起的识别形态的技巧"。[12] 这个"主体间形态的识别"，他说，"比实证主义者意识到的可能要更深地植根于科学的'逻辑性'之中"。为了说明他的观点，齐曼接下来介绍他所谓的"信息"，也就是说把一个视觉观察的结果传送到其他科学家那里："落叶的灌木，光杆的或者几乎没了叶子的，带着淡淡的灰绿色，树干一般是紫色的，要么是爬在地上的，要么形成50—100厘米高的灌木丛，或者爬在其他灌木上，很少是直的，很少能达到两米，大都带刺成钩状。花瓣2—3对，1—3.5厘米长，卵形或椭圆形，带有简单的、稀疏的双锯齿。"[13] 他问道："这种奇怪的植物是什么呢？"这只不过是一种玫瑰，英格兰的普通玫瑰。"它的确具有上述的特点；然而在这幅情景中，我们看到的是植物学家像端详一位朋友一样辨认着植物的形态。"[14] 实际上，就算是一名美国人类学家也能够认出来，如果他生活在英国，并且能不时地从惯常的迷惑中醒悟的话。

在齐曼的叙述中，图景及其信息——斯佩伯所说的描述性评论——不是简单的同一事物口头的和图像的呈现，它们肯定不是单个命题真理的两种版本。相反，模式就是模式，在这个意义上根本不是命题。它不可能是对的或错的，尽管它可能是真实的或者不太真实的，描绘得很好或者不太好的。另一方面，描绘和信息是用来"指出其他记忆中视觉形态的。人们如何界定形容词'带齿的'，除非说它'像一把扫把'"？[15] 信息有利于把形象列入形象的"档案"。

信息还有其他作用：比如说，它可以把其他关于日期，或地点，或时间，或在场的人，或其他可确认的标记等列入档案。整个档案其实就是信息形象的网络。有些档案可能是建议性的，但是仅仅将花边或者任何一个成分简单地视为具有真理价值，就很难正确地判断其构造和用途的复杂性。在此意义上，合乎逻辑的科学实证主义观点显然是不恰当的。这点和我讲到过的叙述性和范式思维一样：范式思维，或者至少是我到此为止所提及的情况，可能是由简单而直接的正确或者错误的命题构成的。这是范式思维的力量所在，但也是它的局限性所在，因为它不可能懂得通过一个形态或者一个故事可以领会到的东西。

此外，信息是主体间的，为利用信息的人呈现出形态。人们用信息来创造共同感知、共同分享的领悟，使得图像在其他人——比如说植物学家——的集体中被用来作为论据，或者最好说他们的花边（重要的是这时应该记住，这样的形态创造和记录的只是进程中的一小部分。此后，即使共同感知是工作的基础，把明显的论据转化成可靠知识，共同感知所得到的形态仍然有赖于一个复杂并且绝非无过失的社会进程）。

最后，重要的是要记住，领悟形态的能力和产生形态的能力不是一回事。比如说只有一个经过训练、掌握技巧的人能够勾勒出玫瑰的轮廓，而玫瑰一旦画出来，任何眼睛没问题的人都能看出这图形是什么。进程的另一端是经验，因为一个人能够领悟最终勾勒出的图案，读出信息，但是还不能用这个图案做很多事情。正像我假设的，本书的大部分读者用玫瑰茎细胞的微形图做不了什么。然而经过培训的生化学家能够把图案放在一个有用的环境中，还可以比如说运用图形把植物纤维变成其他构造。一个可以共同感知的形态只是辛勤编织科学知识过程的一个但却基本的部分。

齐曼的理论是复杂的，但是就我的目的而言，我只想提到其中一个问题：民族志实践里有没有什么东西符合主体间形态的识别？请注意，这个问题牵涉到接下来的类比。就像一位物理学家或者植物学家，人类学家可能具有某种装备，即一种辨别某些形态的能力，就凭着他们是人类。人类学家研究人类，那么，是否存在人类学家可以用他们原有的装备或许再加一点经验就可以识别的人类模式呢？

人类形态

在提出一个非常类似于我想在这里提出的观点时，雷蒙德·弗思（Raymond Firth）提出了可以被视为这种形态识别的东西。他在波利尼西亚的提科皮亚部落中做田野考察时听说他的朋友，地方首领的儿子帕·兰吉夫里"teke"了，意思是说他"不愿意（去做某事）"或者"生气"，或者"（甚至是强烈地）反对"：

> 这个信息（帕·兰吉夫里 teke 了）使得反对的程度不确定，但是如果说人们看到这位受尊重的长者跨进房子时情绪非常不稳定，人们会猜想他是生气了，尽管他们不知道是为什么。整个村子为之不安。我们走进他家时，看到他很激动。他和我像公认的老朋友一样碰鼻子互致问候，但是这对他来说是个异常的敷衍动作，他没太注意到我。他不连贯地表达着他的看法："我正要下海"……"他们说他们的斧子得先砍下去"……"可是这是为了挽歌吗？不是！这是为了跳舞！"人们试着用尊敬的手势使他平静下来，问他为什么生气。眼泪顺着他的脸颊往下流，他的声调很高，声音沙哑，他的身体时不时地颤抖。[16]

这里和下面的例子中最简单的回答是，这可以作为故事来理解，我们掌握了很多叙述性思维的工具。但是现在我想更深入地分析使得叙述性能够跨越文化而被理解的原因。

首先我要指出，人类学家具有非正式但是影响很广的实践的规则，可以防止对这些事件做出轻率的解释。他们要培养一种彻底的怀疑主义，让一个人直接并且容易理解与自己有着截然不同社会文化背景的人的经历和思想。不同社会的价值观和观点之间的差异可能非常大，我们很可能把我们的思想和价值观强加给别人：因为毕竟，用米歇尔·罗萨尔多的话来说，一个人获得审美标准的部分原因在于"用情感来左右的主题和形象"，维持了"（特定的人）所做的一切的一致性，使他们能够随着时间的推移看到人们以或多或少熟悉的方式，为了或多或少明确的理由行事"。[17] 因此我们可能不恰当地引入我们的评价、我们的审美标准。

于是一个人类学家首先会问，帕·兰吉夫里事件中的文化特征是什么。比如，帕·兰吉夫里某些情绪的表达可能是提科皮亚人特有的风格和感情流露的方式。比如说高嗓门、沙哑的声音以及眼泪好像不是很英国式的，或者至少对于一位"受尊重的长者"来说，不是很英国式的。弗思的解释很清楚，激动的原因很大程度上取决于当地权利与义务的观念以及帕·兰吉夫里在生活中与他人的关系的特殊情况。事实上，他周围的人的行为和判断中已经存在这种维度。也许使得帕·兰吉夫里忧伤的事件在爱德华·希弗林所说的"文化场景"中伴随着提科皮亚人的文化特质，也就是真实生活的叙述应该如何变化的特殊意义。还应该强调的是，一些文学技巧被用以展现形态，使之清晰，成为写得很好的散文。

但是无论如何弗思取得了成果，用他的话来说，形态"清晰明了"，英语读者不需要翻译来理解"teke"，或者不需要整个社会和文化背景来懂得基本思想。正如齐曼不需要有感知理论来证明他说的视觉形态是可以共同感知的，因此帕·兰吉夫里的行为是可以共同感知的，我们用不着具有任何关于这是如何发生的特殊观点。比如，我们不需要赞同一种"牢不可破"的理论、一种对特殊感情的固有的领悟来意识到帕·兰吉夫里生气了。我们不需要懂得提科皮亚人的审美标准的细节，或者民间心理，或者帕·兰吉夫里在社会关系中的地位来捕捉基本形态。的确存在着关于我们如何理解帕·兰吉夫里的状况的特殊东西：我们，就像这里介绍的其他人即提科皮亚人，不知道帕·兰吉夫里状态的原因。但是，我们和他们一样，能够领会到某些事情发生了，我们能够大致知道那类事情的性质。现在对于我们来说这只是漫不经心的好奇，尽管对于提科皮亚人来说把这个可以凭着共同感知辨别出来的形态与一些更进一步的解释联系起来是当务之急。

让我来更仔细地讲讲为什么帕·兰吉夫里的行为可以被解释。我在这本书里强调了人类某些普遍的特点，但是我也省略了很多东西。比如我准备沿着加纳纳什·奥贝耶斯科尔的理论，认为人类家庭的欲望和统治中存在众多的态度和关系[18]——俄狄浦斯情结，然而俄狄浦斯情结在不同的社会中，因不同形式的家庭和亲属关系而被伸展和重新组合成不同的形式。但是在这种情况下，普遍形态几乎没有争议，亦不是精心策划的。这是我们都亲身经历过的：人类婴儿和儿童，有时比如像这里，是成人，表现出忧伤。我们可以从帕·兰吉夫里的行为中看到忧伤，而这一印象是周围试图安慰他的人的反应所证实的，我敢肯定一定有不少能产生并使人看出忧伤的东西，但这并不是这里我所关心的问题。弗思、其他提科皮亚人、你，还有我看出帕·兰吉夫里怎么了，因为照格尔茨的话说"我们都在那儿"。

我从弗思和帕·兰吉夫里开始，不是因为这样做非常简单——这并不简单——而是因为这相对于那种民族志学者常用的可共同感知的形态来说比较简单。我们通常要求读者在一瞬间就能懂得一个能理解好几个人的形态。下面是吉尔伯特·刘易斯（Gilbert Lewis）的《红色一天》（*Day of Shining Red*）中的一段话，这位民族志学者在书中解释了巴布亚新几内亚的格瑙部族（Gnau）是如何传达他们的礼仪知识的：

> 当我问人们他们是如何学到或者没有学到什么时，比如说一个神话、一个家谱，或者是某个仪式的意思，他们有时提到讲给他们听的人……或者他们说，这是那种人们晚上在（男人家里）睡觉前躺在床上或者下雨天在篝火旁闲聊的事情。在类似情况下，尽管很少，我偶然听到过有人绕到神话并讲述神话，或者对一个仪式的意义做一番解释。[19]

换句话说，刘易斯陈述的要点是格瑙人并不是系统地和有目的地去传授这样知识，他们没有什么以此为目的的专门的机构。这个论点的论据在于格瑙人传授这样的知识的时机是无计划又无目的性的。这些时机形成一种可以共同感知的形态。与形态相关的信息部分可能是"社交的非目的性"或者说是"闲聊"。一个雨天的下午，比如说在康涅狄格一所大学的宿舍里与在塞皮克河畔的房子里的"类似情况下"，许多地方是很不一样的，这是真的。但是，将这些情形与刘易斯提到的其他未知情况聚在一起的相似感很难错过。我想共同感知的某些部分与我们这个物种特有的"社会活动"或"共同行动"形成对照。但是，也许刘易斯的论点所提供的形象从社会性上来说是复杂的，被理解为一些人聚在一起。然而这是能很快被理解的——部分地以刘易斯的方式，但是在很大程度上是因为我们马上看出他在描述什么。

民族志学者运用的一些最令人信服然而又最复杂的可以共同感知的形态是那些增强了复杂程度的形态，也就是时间的变化和运动。在下面一段话里，戈弗雷·林哈德（Godfrey Lienhardt）描绘了这样一种运动来揭示对于丁卡人来说什么是祭祀中最重要的部分。他一开始先指出在祭祀中丁卡人反复祈求神灵：

> 先是一个人有节奏地重复一连串字句和意念，然后大家一起，逐渐具有了任何参加祭祀的人都可能注意到的效果，继而连外来的观察者也感受到了。仪式开始时，通常有很多人在聊天，乱哄哄的。人来人往，互相打招呼……主事人让大家遵守秩序是常有的事……然而随着祈祷加快，祷告人爆发出的尖锐讲话还有他的合唱班把会场上人们的注意力慢慢吸引到了中心活动上……随着祷告的进行，人们跟着有节奏的讲话越来越和谐地重复着祷告，集体越发明显地集中在一个中心主题上，聚会的目的也越来越明显。当牺牲品被扔出来杀掉以后，这种把注意力集中在一个单一的行动上的过程才结束。[20]

林哈德为我们指出的结论是，杀掉牺牲品是祭祀的中心活动，丁卡人也是这么认为的。他为此所提供的论据的形态几乎并不比刘易斯所说的"闲聊"的形态更容易马上被理解，尽管这是一个运动而且持续发展了很长一段时间的形态。林哈德没有说他是怎么知道"集体集中"变得明显的，但是我们不难看出这是一个相当显而易见的"自我与他人"的意识的例子。我们能够跟随人们的注意力，能够把他们刚才做的和正在做的进行比较，能够看到人们集体朝向一点，而且安静下来了。顺带的信息的一部分可能是"集体集中"，表明一个家庭与世界上其他许多场合相似。林哈德传达了一个稍微不那么抽象的信息和艺术，更多地运用了像"集会"这样的字眼，令人想到北大西洋社会中的议会的文化根源。还可以进行其他的比较，其中一个比较出现在主要的标签上：祭祀。然而没有理由相信这些信息或者其他信息，一个信息或者很多信息一起，就包括了所有比较的可能性。除去任何可以和形态联系起来的特殊信息，形态本身是可以被共同感知的。

　　丁卡人的祭祀提出了许多以前在其他例子里不太明显的问题。首先，正如罗伯特·莱顿（Robert Layton）使我想到，也正如我能以大量事实证明的，田野工作刚开始时，对于民族志学者来说通常是混乱而不可理解的。即使是最基本的因素，比如说一个仪式何时开始或者在进行中，都远不是很明了的。于是，似乎可以想象林哈德一开始不可能完全欣赏他在观察的形态。的确，当他写"连外来的观察者也感受到了"时也承认了。然而共同感知不是要求这些形态被轻易指出来。唯一必要的是，一旦这些形态被指出，它们一定是可以相互理解的。

人们也可能觉得林哈德刻意反对可靠的共同感知。但是，可共同感知的概念也并不排除表现形态时的谨慎和匠心。玫瑰的勾勒很有艺术性，但是这样的手艺远不是多余的或者自欺欺人的，而是植物档案中所必须的。

另外，接下来，不必把主体间的形态看成有一个正确、规范的形式。尽管可能存在其他很不同的表现某些事物的方式，比如一朵玫瑰、一场祭祀，但这也无损于被表现出形态可共同感知而明显的特征。我们可以通过新的表现形式开拓眼下事物的新的维度，但并不说明原来的表现形式是错误的。因为同样的原因，伴随着形态的信息不必被看成是单一的、简单的或者封闭的：当我们对丁卡人的生活方式了解得更多的时候，我们可能运用新的信息提出其他丁卡人祭祀的含义。

最后，没有理由相信民族志学者展现的形态的共同感知性包括一个形态的辞典。这里与自然科学形态的识别相比较又是有用的：我们不以为我们无法学会识别甚至无限大范围的玫瑰种类的形式，即使每一种玫瑰与田野里的玫瑰只是稍有不同。无论如何这都能使我们看到形态，这不是一部与世界相符的预定的形象字典。因此，我们同样也不必声称人类生活中只有数目有限或者能列举出来的形态。侯世达关于人类识别主题或形态或多样性的能力的论点正说明——反正是出于实用的目的——这是可以无限延伸的。

叙述性模式

我指出这个关于形态识别的无限延伸性的观点是因为我现在要转向一个熟悉的主题：叙述性。最复杂的模式是叙述性模式，这是由人以及一系列行动中的意图、观点和概念构成的。弗思关于帕·兰吉夫里的故事正是在这种模式中展开的。帕·兰吉夫里周围的人拼凑出发生的一切。他冲出他父亲即首领的房子时没有正式告辞，也就是没有表现出他作为儿子和一般人应有的礼貌。在场的人，相对来说是中立的，然后教给弗思怎么拉着帕·兰吉夫里的手腕把他带回去道歉，等这些完成以后，

> 他（帕·兰吉夫里）爆发的原因对我们（所有在首领面前的人）来说变得明了了。我的朋友的儿子几个月以前（据我所知）在海上失踪了，他已经打算开始准备丧葬仪式……但是当他向他父亲要一把斧头来砍倒树，好用树皮做丧服时，老首领拖延，他以为父亲拒绝了他，因此冲出房子（后来真相大白，他私下指责他的兄弟们在操纵，怀疑他们想在追悼仪式之前举行舞蹈节，这样他们先来搜刮家族的钱财）。他父亲现在解释清楚了他没有拒绝给他斧头，他当时在想别的事情，只要他儿子再等会儿，他就会允许他去准备葬礼的。后来，斧头给他了，通向葬礼的路也打开了。[21]

我先把这段话里表现的艺术手段和模式本身区分开来。有

一些术语"举行丧葬仪式""舞蹈节""葬礼"等肯定是指提科皮亚人的语言、规则和条例，后来没再解释。表现技巧的一部分体现在英语散文所推崇的优雅的变换上，一部分体现在英语中"葬礼""丧葬"和"追悼"的意思上，同时也体现在"舞蹈节"和"葬礼"的鲜明对照上。弗思通过这一对照暗示英语传达出的这些活动之间强烈的对比同样是提科皮亚人所感受的而且对帕·兰吉夫里来说很重要。因此这就是说，我们不必知道"舞蹈节"或"葬礼"的具体内容。因为它们的意义是一系列行动提供的。类似的论点对"首领"也适用。在这段里我们知道了儿子问他"要"斧头，他没有"拒绝"，他的请求被"允许"。因此即使我们对于提科皮亚的首领了解并不多，我们也懂得他们在这一系列行动和反应中的关系的特性，这就是允许或者不允许的权力。

形态所在之处可能不是马上很明了的。但是我想我们能做得更好。我们可以先来把段落分成不同的时段。在弗思的叙述的前景、最近过去时和现在时中，争吵以及和解的事件发生在分钟或者小时这样的时段中。这个系列是可以理解的，这是对"自我与他人"意识的理解，是对行动和反应的理解，集中领悟帕·兰吉夫里的忧伤状态、导致这种状态的直接原因，即他父亲拒绝给斧头。此外，弗思为我们显示，提科皮亚人有一种和解的方式，他们的方式（拉起帕·兰吉夫里的手腕，把他领回来，一种特殊的道歉方式）。从这里我们能辨认出一种更为广泛有效的可理解性，正因为 A 对 B 的所作所为常常引起了忧伤，因此和解重建了 A 和 B 之间的和谐。

但是这个前景中的行动对于在场的人来说成问题。他们完全不知道什么对这些事件来说是最重要的。为了找到答案，他们需要更长的过程，以月和年来计算。这个解释的过程最后总算出现了：帕·兰吉夫里的儿子在海上失踪了，由此导致帕·兰吉夫里的悲痛，他后来为父亲拒绝给他斧头而失望。这里又有某些普通的事情，但是这些事情揭示了帕·兰吉夫里本人，他的困境以及他在困境中表现出的个性。正是他在事件中表现出的性格使背景可以被理解。

这里还有更宽广的背景，是以几十年和几代人来衡量的。老首领主事、他的儿子们互相竞争，等等，这是那时典型的提科皮亚人的方式。人类学家通常以分解的形式、社会组织的准则或者构想的形式来介绍这个更大的结构。在解释的段落中，弗思正是用这种术语来概括背景的。但是这种资料又是建筑在像传说、神话或者像对事件的报道这样的叙述资料上的，这些传说、神话或者对事件的报道把被理解的、可辨识的过去与近期和现在发生的事件联系起来了。我已经对这一点做了很长的分析。行动中的人需要叙述性理解，因为这可以使他们负责并且明智地行动。人类学家也需要这样一种叙述性理解。但是从这种理解出发，他们还要建立别的东西，一种在人类学家典型的范式思维中形成的社会与文化的观点。

我想重要的是强调基于叙述性思维的对他人的理解不是绝对的、非个人的、毫无保留的笛卡尔式的知识，好像是某人的灰色细胞的 X 光线。这更是一种来自共同生活中的平等互换的理解，是由时间、地点、在场的人物和人们深入其中的一系列真实事件和人们所处的关系决定的。提科皮亚人所关心的或者使他们能做出解释的不是帕·兰吉夫里 teke 对这种状态的心理描述及其心理上的表现，而是对正在发生的事情来说这种状态的意义。他不是在抽象或者绝对的意义上 teke 了，而是与牵涉在内的人——他的父亲、兄弟、他死去的儿子——有关，而且与他以及其他在场的人所处的迅速变化的形势有关。在这种主体间的意义上，指出 teke 是个开端，有可能发展成关于人、关系和事件的叙述——一个可以满足最初困惑的有人物的情节。

的确，可以消除这种困惑的唯一事情是讲一个故事，把帕·兰吉夫里的忧伤置于相互关联的人们的叙事过程中。另外，这个故事正如弗思所指出的，不是他或者任何其他人自己想出来的，而是来源于一群相关的人面前发生的事件和表述。不光是事件本身，还有展开的分析和评论也是广为人知的。当然了，在行动不同的时间里，特别是后来，可能会有对事件的各种解释。但是为了采取相应的行动，参与者必须坚持起码的共识，理解随着事件的解决而变得更加明确。

为消除本章开始时的怀疑主义和疑虑，重要的是要强调人类学家运用的叙述预示了一种对于情感、意向、观点和动机的彻底、主体间的叙述。人类学家"阅读心智"，但只是在有限的范围内，错误是难免的。这是每天在进行的而且是普遍的人类方式，每个人都通过相互理解态度、意向、理解和情感来阅读心智。我之所以指出这一点是因为许多人，包括那些杰出的人类学家和社会理论家都把意向、情感、态度和动机从根本上看成是隐蔽的、私下的、无案可查的或无法揭示的。他们之所以这样认为，也许是对我们那些（建筑在大众哲学心理学之上的）学究式大众心理学的反应，这种心理学认为把人孤立于他们的社会环境来分析是合理的。但是用我这里指出的从更彻底、更基本的社会和相互作用的观点看问题，精神状态不完全是个人的，也不完全是人与人之间的。

其实，阅读心智所依据的尺度并非绝对正确，而只是相对成功的。同样，出现在叙述中的动机和态度的归因要足以恰如其分地说明一系列行动和反应。实际上很难看出这种缘由如何超越行动中所揭示的内容。我们不可能脱离相互作用的精神状态寻求一种绝对正确、毫不含糊、"科学"的理解，因为只有相互作用才使得这些精神状态有意义，使得它们能通过共同感知体现出来。

一种怀疑主义的人类学论据可能仍会质疑弗思叙述的准确性。我是不是说那是一种朴素、直截了当、真实的叙述？或者是别的什么？它肯定是别的什么，因为不只是简单而准确的。更确切地说，这个形态是综合的，是人工制品，但却是特殊制约下的产品：它必须以一种明晰的顺序列出这些事件和归因、足以说明参与者行动的原因以及这些行为的后果是什么。选择细节的标准正是看这些细节是不是有利于阐明一件事是如何导致另一件事发生的。像综合分析一样，其"被创造"的程度并不比林哈德关于丁卡人祭祀或者对玫瑰的描述要小。

这种综合分析的负面是，绝对不能保证所有可能相关的细节都包含在内或者所有相关的观点都考虑到了。也许老首领有比任何已经实行的计划更深思熟虑的计划，或者还有其他冲突，其他没有提及的、酝酿中的事件。也许弗思本人无意中是无所不在、具有破坏性的殖民主义影响的航船。有无数的可能性，没有任何人类事件的叙述可以避免猝不及防的意外。

另一方面，综合分析的确具有五个令人信服的特点：

一、它的确解释了一系列事件；

二、态度和动机的归属与人与人的互动紧密而明了地相连；

三、归因是参与者在事件过程中披露的；

四、这一行动与提科皮亚人的生活环境明确而生动地相关；

五、所讲述的插曲是未经加工、独立于弗思的用途的。

前四个特点大都与故事的忠实性紧密相关。弗思自己深陷其中，所以能够仔细地观察事件：你几乎不能指望有比这更私密的眼光了。但是最有意思的是最后一点。因为原则上故事是独立于弗思的用途的，它成为一种公共财产。别人也可以用这个故事，的确可以用来说明完全不同的事：兄弟之间的竞争、代沟、安慰首领们的焦虑或者那时在提科皮亚人当中斧头的特殊地位。在此意义上，插曲具有作为证据而不是论点的明确特点；是档案中的一个条目，而不是从这个条目出发进行的推理；是基础，而不是基础之上的建筑。那么因为所有这些原因，直到令人惊异的新信息揭示出来之前，我们有理由接受并运用弗思的叙述。

埃文斯-普里查德与斯佩伯

努尔人的小故事说明常见的祭祀与弗思的帕·兰吉夫里的故事有相同的特点。故事很简略，关系到一系列在更大而直接的框架中可以理解的事件。故事本身没有提出一个理论性的用途，但是可能具有这样的用途。我下面来逐一分析斯佩伯的评论。

斯佩伯说："这是你能在大多数民族志学者的著作里找到的原始的真实叙述。然而这不仅仅是一个只表明了简单的观察的叙述。"但是，第一，正如我已经论证过的，"简单的观察"和"原始的真实叙述"的看法是不贴切的。在任何境况下表现用来作为论据的形态都需要许多技艺和精力。第二，如果以为"观察"可以是直接的、立刻的并且没有技巧或不专心致志就能做到，那也是错误的。埃文斯-普里查德不是空投到努尔人当中的，而是在他们中间生活了很长一段时间。这段时间对于他领悟和报道努尔人的生活方式是至关重要的。因此，无论好坏，许多技巧和经验已经包含在报道中了，在任何领域中都会是这样的。

斯佩伯的下一个观察关系到埃文斯-普里查德下面的陈述："一位努尔人在一次常见的圣餐上面对家庭和男性亲属的默然反对为自己辩护时，我正好在场。"斯佩伯评论说："'默然反对'不可能被观察到，而只能是臆想出来的。"然而我却认为："默然反对"正是那种人们能直接抓住的事情。

让我们更仔细地看看。首先，埃文斯-普里查德的看法是置于一个粗略但相当清晰的叙述框架中的。叙述性框架在下面的句子中表现出来："人们让他（当事人）明白大家感到他因为放纵食肉而危害了牧群。他说这不是真的……他家人说他危害牧群，那好吧，可是他杀牲口是为了他们好。"斯佩伯可能抱怨这个故事中的何人、何时、何地是模糊的，但基本叙述过程却是清楚的。因为有时努尔人为了他们惯常的祭祀杀掉他们牧群中的牲口，这在他的"家庭和男性亲属"眼里的确是有损于牧群的。他们把自己的反对意见传达给他。现在事情转向了埃文斯-普里查德能作证的场面：他们以默然反对面对他的一再抗议。因此，在这种背景下，"默然反对"被理解为一组人，努尔人和他的男性亲属中一连串行动和反应的一部分。"默然反对"的意思和意义是前面事件——常见的祭祀和男性亲属对此的反应——的后果，这还导致下一个行动，一个人对于没说出来的但是隐含的指责的抗议。这里不存在对脑波或者任何有能力的参与者无法获得的信息之外的神秘的理解。

因此，如果埃文斯-普里查德了解"默然反对"的事件的过程，他就能够自信地说这句话。埃文斯-普里查德了解这些事件吗？斯佩伯怀疑。"人们让他明白大家感到"这句话揭示出的叙述的进展是"从各种经常是模糊而复杂的行为中推测出来的。这些推测很可能不是民族志学者自己直接得出的，而是由给他提供信息的人得出的"。他写道。

我想斯佩伯的怀疑可能是错误的。没有理由相信埃文斯-普里查德或者给他提供信息的人搞错了。如果埃文斯-普里查德的确看到了早些时候这位努尔人和他家人为了祭祀的事争执，我们很可能强烈倾向于相信埃文斯-普里查德的叙述。我们没办法知道是否如此，但是埃文斯-普里查德不只一次写到他的努尔人的研究大都在没有提供信息的人的情况下，而只是靠生活在努尔人中间进行的。因此他能够确信他的判断。但是如果他被告知以前的分歧又会是怎样呢？会不会仅仅是提供信息的人的推测？也许是的，但是如果提供信息的人对当地很了解，如果他告诉埃文斯-普里查德努尔人和他家人为了祭祀的事争吵，那么我们就不会认为这只是"推测"或者"臆想"。这正是邻居们知道的事情。有人听到声音提高了，另一个人听到了在吵什么。我们不会认为这种知识是模棱两可的，尽管这肯定是复杂的，因为它基于人类社会性所固有的强大智力之上。

最合理的解读是，前面的事是努尔人在争辩过程中自己揭示出来的。也许他说了像"你们老说我杀牲太多，可是我没有"这样的话。埃文斯-普里查德的陈述证实了这个看法。下面的间接讲话"他们家都说他损害了牧群"说明努尔人讲话时持续争吵的线索正好出现在埃文斯-普里查德面前。扩展努尔人说的"人们让他明白大家感到"也许是推论，但是很难把这看成是没有价值或者错误的。争吵时埃文斯-普里查德进来了，他可以有足够的线索来理清这条线。

我想这里的含义是，我们必须认为埃文斯-普里查德具有一种关于事件的真正的知识。这种知识当然既不是无所不包的，也不是抽象的，但至少有一个人们希望的特点：这个特点来自唯一能使得细节明了的一系列事件。这不是说把埃文斯-普里查德当成努尔人来看待，或者说他可能了解努尔人生活的所有方面，甚至说他自己能和努尔人争吵，而是说应该接受在这种特殊情况下，他有足够的能力来明智地选择自己的方式。

于是衡量这种知识的尺度不是抽象的，而是实用的：你能根据这一点恰当地行动吗？或者，因为知识有时是事后回顾时或者没能适当地采取行动以后发现的，你在知道以后，能采取适当的行动吗？在埃文斯-普里查德和抗议的努尔人的例子里，我们认为有限的能力已经达到了。再有，比如当林哈德注意到丁卡人祈祷的效果"继而连外来的观察者也感受到了"，一个自己获得知识的过程在一瞬间揭示出来了。在其他例子中，比如，人家教弗思如何拉着帕·兰吉夫里的手腕去道歉时，知识是明确地传授的。在一些给人印象很深、非常痛苦的例子中，证据不是来自完善的能力，而是通过漫长的学习得来的。人们可能以为人类学家没有经验会使他们的证据失去价值，但是正相反，最令人折服的证据经常来自专门知识的欠缺以及对此的补充纠正。

从共同感知到共识

我从一个表面上的悖论开始，即用似乎不可简化的个人的和自传性的资料建构公共而可知的知识的问题。但是我们一旦理解民族志是一种活动，悖论就会迎刃而解。

还是这样说吧：其实有两种知识。一种是用于社会生活中的实践的知识，比如说努尔人作为他们社会的一系列行动中承担责任的因素所应用的知识。在某种程度上，这样的知识是个人的，因为这是在与他人的关系中应用的个人的知识。这就比如说是耆那教徒所掌握的关于他们地方饮食政治和地方饮食宗教之间的关系的知识。但是它也具有普遍性，或者至少具有潜在的普遍性：它可以在新的形势下为新来的人所掌握。在这方面，这种知识关系到审美标准，一种在这样或那样的情形下或多或少贴切或期待的意义。唯一验证这种知识、唯一知道某个人是否掌握这种知识的方法，是日常生活的检验。每个人的理解因此都被公众核实或者纠正，尽管公众不是学者的学院而是艰难的学校。

一开始，像埃文斯-普里查德这样的民族志学者便深入到他遇到的专门知识当中。他可能做得不那么完善，但是为了相处，他必须自己进步，因为他必须作为一个负责任的人生活在他所研究的人当中。他从这样的生活经验里开始学到可以共同感知的形态。很多人类学家都是这么做的，用的是每个人——无论是旅行者、商人、移民还是孩子——都可以有的同样的装备。

但是，这些知识的用途在人类学家这里与在这些人中不同。人类学家把知识记录下来，我说的"记录"当然不只是简单地把各种事件和场景写下来。因为人类学家要对这些事件进行思考，意识到这些事件，把这些事件与别的事件进行比较并且在脑子里进行回顾。回顾的目的是创造第二种知识，建筑在努尔人关于人的知识上，但是在更广泛并且更分散的团体中生效。这些团体不仅包括人类学家的世界，还经常包括提供信息的人的世界。对于这个团体来说，知识从如何知道转变为知道了什么；从一个行动者的意识转变到一个评论者的意识；从叙述性思维转变到范性思维。正是因为掌握一种独自的社会知识，再把它转换成范式知识，民族志才作为一个学科有了显著的价值和特征。

从介入儿子和他的首领父亲之间的争吵到把这件事用到民族志著作里，这个过程是十分漫长的。换句话说，这是从一种知识到另一种知识的漫长路途。民族志学者所做的许多努力为这个进程打下了深深的烙印。比如许多其他事情被记下来，如地方民众的共识、谋生方法的调查、口述记载，等等。再有，后面的这些形式，可以这么说，可数或者可列举的信息的形式必须以相互关照的方式与社会生活实践知识并行，这也需要许多艰深的思考。人类学家要超越这些艰苦的工作以使读者信任的方式组织他的判断。换句话说，他要在很分散或者非常不同的人群中求得共识，这个人群现在可能包括具有人类学眼光的人，比如他的同行，也许还包括本土社会中一个较大的读者群。但是无论达到什么样的共识，这是建立在他在他们面前设定的可共同感知的叙述和其他形态之上的。

因此构成人类学的东西还有很多。这绝不仅仅是将关于实地发生的几个故事串联在一起的问题。就目前而言，只能说我们为新知识提出了要求，这些要求对于这些知识的原始状态来说是很陌生的：新的知识必须适合于一个关于人类社会的更抽象的观点，必须是可以更正或者可以出错的。一些人类学家把他的知识与文学技巧相混合，其效果不是在于神秘化而是在于阐明。然而，如果这样创造出的人类学知识没有保留努尔人关于他人的个人知识中的生动的气息，这就不是知识，而只是空想。

第九章　一个乱七八糟的甜点盒子

我在前面的章节里提出了这个问题：如果人类学本身是从一系列人类生活和关系中创造出来的，换句话说，是从变动和变异的事物中产生出来的，我们怎么能相信这种人类学呢？我对此的回答（就其现状而言）是，我们可以像相信其他集体活动一样相信人类学。一方面，这需要我们适当地减少对自然科学的依赖；另一方面，应该增强对我们个人，也就是人与人之间和主体间的判断。

我来扼要归纳一下得到我们的答案所经历的相当长的路程。一开始，我提出了三个相互关系密切的问题。第一，什么是文化多样性的基本因素？我对这个问题的回答是，我们这个物种具有一套特殊的特点和能力，即社会性。这种社会性最终导致追踪复杂社会的活动的能力。这不是一个完整而全面的回答，因为我省略了许多可能性，许多可以包含在"人类心理整体"中的因素。但是我涵盖在社会性中的能力是那些我认为对于创造我们物种的社会和文化多样性最重要的能力。换句话说，我强调的是那些我们都具有的可以使我们完全有别于他人的东西。

这些思考直接引向第二个问题：多样性是如何产生的？我们没有谈到这个问题全部的相关的意思，只是：多样性如何会产生？在答案中，我论证人们不仅能够追踪一系列复杂的行动，还能在这些行动中做出适当的回应。我强调，当我们用这种思想方法考虑我们人类的困境时，"适当"的意思必然是灵活而且是大致的，而不是硬性而绝对的。我们不必也不应该把我们自己想象成机器人或者木偶，因为我们遇到的社会环境，用尼古拉斯·汉弗莱的话来说，是"转瞬即逝、模糊不清并且易变的，这多少也是我们自己行为的后果"。我也认为我们对社会潮流的感受、对在这一潮流中要做的事情的感觉经常是牵涉在内的人讨论的内容。因此，我的结论是，我们个人可以抓住、可以集体创造新的形势、新的理解和新的生活方式。

这个答案把我带到第三个问题：我们如何能够确切地理解这种多样性？我在第六章关于斯达萨嘎尔的故事中和在第八章里论证了人类学知识的基础与任何人所具有的社会知识的基础没什么不同。这是一种有用的（即使是有限的）理解，特别适合于灵活、可调节的人类关系行为。但是我也说过，人类学家是在另一种知识也就是在民族志里创造这种知识的。民族志是一种范式学问，与特定时间、特定地点的特殊人群紧密联系在一起。在这一章里，我要说说关于这种学问的特性、价值和用途。

这比一个面包箱要大吗?

我在这本书里,特别是前几章里,时不时写到民族志"档案"。这样一种观念,即存在着证明毋庸置疑的人类社会与文化多样性的档案,奠定了我的基本假设。然而现在,我要慢慢质疑这种思想。我之所以这样做是因为这种思想没有很好地抓住,或者说没有完全抓住人类学家工作的特性。

我先来挖掘民族志档案的思想及其分歧。档案体现了民族志学者集体积累的工作。我房间的书架上有一小部分这样的档案,大部分则在大学的中心图书馆的书架上。没有任何一个地方拥有全部档案,但是这些档案都珍藏在各种图书馆的书目中,这些书目都有"人类学"这一条。除此之外,档案的思想还珍藏在各种实践中,比如英国大学流行的期末考试:每科三小时,看你能在这段时间里倒出多少档案。

我不认为"倒出"知识的概念完全是异想天开。在很大程度上,档案的观念与把知识作为实体的观念很接近,就像器皿里的内容,能从一处倒到另一处,从老师那里倒到学生那里,从书里倒进脑子里。可是这里出现了困难:如果说想到图书馆或者考试很容易把知识看成是储藏室或者器皿中的内容,那么当我们询问这种知识的用途时,很难这么看。你用知识来做什么呢?人类学知识除了彻底从脑子里倒进书本中,再从书本倒回脑子里,还有什么用呢?这是一场噩梦景象,或者至少是在学术界徘徊的一种徒劳无益的空想。默里·吉尔-曼(Murry Gell-Mann)曾经说过

20世纪的教育就像走进世界上最大的饭厅……按着菜单吃饭。也许他是对的。

如果我们看一看创造民族志档案的社会过程，这些思考似乎会更加紧迫。人类学在20世纪成了一门职业，一种谋生的方式。这本身就是一种宝贵的资源，因此也受到专业人员的密切关注。一位人类学家需要博士学位，他获得这个学位是因为他为集体宝库贡献了新的民族志知识。这样的工作由其他人类学家来监督，然后又被其他人类学家来考察。在很大程度上专业中的工作由人类学家根据发表东西来检验，这些发表的东西被人类学家审查、接受或者拒绝。在以后的事业中，晋升需要发表更多的著作，这些著作又经过其他人类学家审查，一直这样下去。从这个角度来看，民族志知识就像是商品，可以有自身的价值。

另一个说档案像商品的依据是其作为条目的确很像物品：它们必须是客观的；它们不应该是奇想的产物；它们不应该对一个人来说是一回事，对另一个人来说是另一回事；它们对所有遇上它们的人来说应该超越他们的社会和历史根源，具有同样的价值。这个观点经常反映在人类学家对于民族志看法中。比如罗伯特·伯罗福斯基（Robert Borofsky）在对普卡普卡岛的波利尼西亚人进行民族志研究以后的看法是："尽管人类学不是绝对客观的，但是它的确具有一定程度的客观性，使得它不只是知识的另一种民间形态或者'地方'形式。人类学的核心是对文化之间的不同和相似进行比较和分析。"[1]到此为止，伯罗福斯基可能是在回应拉德克利夫-布朗或者本尼迪克特的说法，还有他们的民族志博物馆的比喻以及他们为比较积累越来越多的知识的概念。到此为止，我们还看到档案的意义是没有吸引力的，在一定程度上挺让人泄气的。如果民族志的目的只是为创造这种有时可以用来进行比较的条目，那就不值得花费那么多的心血。

但是伯罗福斯基在马上接下来的话里遵循的是另一条思路。他干脆跳过民族志贮藏室的概念，提出了一整套更有意思、更现实的思想：

> 人类学就其研究性质来说，是展开与其他在同样情形下具有不同的洞察力和眼光的人的对话。人类学叙事对在一种文化中显而易见的想法提出疑问，把它们与其他文化中的普遍方式进行比较。人类学是植根于背景中的，但是相对来说不受背景束缚，因为它继续面对一个多样性的、对人类学本身的眼光提出挑战的前景开放。

这些话，其中的关键字词"对话""疑问"和"挑战"，我想更忠实于实践、愿望和人类学所获得的真正价值。确实存在着出于许多目的的民族志档案，但是，在创造和运用过程中，民族志知识其实远不是可存储的商品。如果我们希望从这个观点出发确定这种知识的特点，这种知识会是更加易变而有力的，是相互作用和相互参与的流动过程的组成部分。

伯罗福斯基的陈述在书的最后，一再显示了民族志田野考察的质疑性和有时具有的战斗性。因此首先，对话、疑问和挑战就是田野考察的内容，是参与学习的经验。但是伯罗福斯基的话也反映了人类学家们开始意识到他们写的可能被他们所研究的人读到。前几代人类学家有可能忽视这样一个知识渊博并且敏感的读者群会对他们提出的要求。通过把被研究的对象客观化可以做到部分的客观。但是今天成熟的职业伦理、被研究对象的复杂性以及北大西洋社会与其他社会之间的简单的殖民地关系的结束，使得那些被人类学化了的人——用道格拉斯·考金斯（Douglas Caulkins）的话来说即人类学家的顾问们——也进入了读者和批评家的行列。对他们来说，民族志知识只能是关于他们的社会的持续不断的谈话中的一个声音。

因此伯罗福斯基的理论超出了田野的面对面的关系去挖掘写作者与读者之间的互动。许多对于人类学知识的挑战不是发生在民族志学者和顾问之间，而是发生在作者和读者之间的。玛格里特·米德和露丝·本尼迪克特在谈到美国社会并将其他社会的知识变成对自己的强烈批评时就知道这一点。许多人类学家不那么雄心勃勃，他们的读者也没那么多而且都较有学问。但是阴影中的人，即那些读者们，也并非不重要，比起民族志学者和顾问们的社会来，也并非不更是完整的民族志的社会背景中的组成部分。

因此我们所具有的，在某种意义上是使用中的人类学：使用中是说把知识作为一种理论或者一种挑战。这立刻使得知识不那么一成不变而且更有意思。我现在要做的是得出多少同样的结论，但却是从一个不同的方向出发，从人类学写作本身出发。

熟石灰

我先从爱德华·希弗林关于巴布亚新几内亚博萨维山附近卡卢利人的著作《孤独的悲哀和舞蹈者的炽烈》开始。摘录的片断所在段落以一般的观察开始：卡卢利人"对食物感兴趣不是因为缺少食物……而食物之所以重要，因为这是社会关系的载体"。他接着说：

> 我第一次进入高原的长屋时就开始意识到这一点。我疲惫地坐在男人们睡觉的平台边上，从袜子里往外掏吸血虫，这时一个人走过来，手里拿着一个发黑的面包状的包裹。他掰下一块，递给我一块外皮发灰、橡胶状、里面是粉状的东西。有那么一会儿长屋里的人都静了下来，看我打算怎么办。我迟疑地咬了一口，味道使人强烈地想起熟石灰。"Nafa?"（好吃吗？）一位主人满怀期望地问道……"Nafa"，当我能咽下唾沫时回答道。"啊！"我的主人说着看了看周围的人。他们都松了口气。吃完了这个西米，我成了他们的同伴。[2]

我首先要指出，这一段和关于帕·兰吉夫里的那一段描写很像。这是一段最小的叙事片段，写下来的目的在于表明参与者的动机和精神状态：一开始冒险提供食物时导致了紧张气氛，之后当希弗林友好地回答后整个气氛放松下来。袜子里的吸血虫的细节可能是多余的，但是其实布置了下一步的相遇，表现出卡卢利人如何把希弗林从他正在做的事情上吸引开，给他吃的。段落中有许多艺术，一些艺术符合戴博拉·塔纳的"参与策略"的性质。只是这里参与的是读者和作者之间的。比如，吸血虫也用于指出场景的焦点，这个焦点肯定是希弗林和任何不习惯看到吸血虫的人共同的兴趣所在。

但是我要强调的特征正是一开始时的普遍性——食物之所以重要，因为这是"社会关系的载体"——和故事之间的关系。因为我们在这个简短的分析中要看到的是在一般关于卡卢利人广义而普遍的陈述与表现这个陈述的特殊、生动的例子之间的不停穿梭。把特殊的细节、故事和相似的资料只当成一个抽象论点的证明或者论据，或者提出抽象的论点是讲话的真正要点都是错误的。一方面，不存在显示故事和抽象性之间的确切关系的尝试，另一方面故事本身促进理解，就像斯达萨嘎尔的故事一样。这里，比如说，我们通过故事学到的正是提供食物的重要程度：这是一种可以使一屋子人停下来看发生了什么的事件。这不仅是希弗林刻意制造的，但是完全与他说的话融为一体。这成了我们的理解的一部分，尽管没有被明确指出来。因此我们的理解旋转地向前发展，从普遍陈述到特殊事件，又发展到另一个普遍陈述。

我现在跳过一段，节选希弗林下面的论点：

卡卢利人通过给予和分享食物沟通感情，传达爱、亲密的关系和美好的愿望。一个蹒跚学步的孩子第一次看到我时哭了起来，父亲责备他说："别哭，他给盐。"这男人然后给我解释说，应该给小孩子点吃的，"好让他认识你，喜欢你，不怕你"。[3]

这段和上一段是平行的：一个普遍的陈述，接着是一个很短的故事。但是这段话把希弗林的观点分三个步骤向前推进。首先，它给出一个和前边的陈述相关的陈述（"食物是社会关系的载体"），但是这个普遍的陈述显示的是事情的不同的一面。它强调的是感情和慈爱，不仅仅是通过食物的单纯的叙述。其次，希弗林现在显示的是卡卢利人互相叙述，而不是对他讲述。因此如果谁以为卡卢利人对外人有特殊的行为，现在很清楚不是这么回事。第三，这段说明卡卢利人自己是如何谈论、考虑他们关于食物与社会关系的基本看法的。换句话说，希弗林在这里让卡卢利人给他的叙述作了一个普遍陈述。

我再引用一段话，这段话是接在上面停下来的地方的（"应该给小孩子点吃的，好让他认识你，喜欢你，不怕你。"）

这个建议也适合于整个卡卢利人的社会关系。孩子一出世卡卢利人就这么做。

孩子出生后一天左右，他父母和一些亲戚就带他到森林的营地上去，他们在那里过上几天，捕捉小龙虾和西米虫来喂他。共同的愿望是"使孩子强壮"，让他高兴，使他觉得受到欢迎，这样他不会"回到"他来的地方去，不会死去。

这样母亲给宝宝喂奶时，母亲旁边的其他人也通过给宝宝吃的有机会和他沟通。

　　于是，给予和分享食物继续是社会的特质，亲密的关系和深情由此产生。一个年轻人爱上一位姑娘可能试着悄悄塞给她一包盐或是肉，让她知道他的感情。一个人表达他对一个朋友的死感到悲恸时会说："他给过我猪肉！"[4]

在这一段里，关于卡卢利人生活的普遍陈述在继续，把一个人从出生到求婚再到死粗略地一笔带过。但是对细节的陈述形式现在不同了，陈述的不再是发生在特定时间里的特殊事件，而是更带有普遍性，反映了卡卢利人的生活中什么是典型的。我们可以也必须承认希弗林自己亲眼见到了把食物带给婴儿或者为死者感到痛苦的事。但是我们也得看到任何这样一种事件都或多或少是惯例，或多或少是预料之中并习以为常的。根据卡卢利人的经验和社会，这是他们自然会做的事情。也正是这种成规促使我们运用一些以前讲过的特殊事件。当然了，以为这种行为是自然的或者是未经思考的，那就错了。应该说，深思熟虑正是这样的做法的特点。但是这些行动体现了卡卢利人的共同审美标准和审美意识，即该做什么、为谁做和什么时候做什么。

　　尽管这些段落只包括了《孤独的悲哀和舞蹈者的炽烈》的一小部分，却很好地体现了整体。其实，这些段落是构架的样品，显示了其基本色调和质地。有些构架明显是希弗林的，但是基本的网络不是，因为它在最基本的层次上真正体现了人类学知识的特点。确切地说这种知识是由逐渐发展的普遍陈述、特殊事件和在整个展开过程中二者之间的关系构成的：这是学习者必须开始在其内在联系中可视化并在第一次阅读民族志时在想象中进行探索的基本理解。如果每个单一事件是一个形态，那么民族志是一种形态的形态，民族志思想则是在摆布这些变异的形态时产生的。民族志知识的确是一种相遇，但这种相遇始于这种特殊的扩张思想。这是一种特殊的思维方式，把诸如死亡带来的悲伤和给一个陌生人礼物各种这样的场合编织成一种可理解性。

希弗林的著作里还存在着更大范围的组织和形态。我上面引用的段落出现在题为"兄弟，我不吃这个！"这一章的开头。在这一章里，希弗林继续发掘分享食物是如何创造这种或那种关系的——同胞兄弟姐妹之间、非同胞兄弟姐妹之间、交换伙伴之间、夫妻之间、母亲和孩子之间，等等。然后——这也是这章题目所在——他改变了方向，说明在吃某些食物时有什么限制，因此分享这些食物又有了不同的效果。分享建立了联系，然而这种食物禁忌在人与人之间树立起障碍，比如在未婚和已婚的男人之间，或者男女之间。就此来看，本章开始时的分享食物被看成卡卢利人如何操纵他们相互关系的例子：他们有很多方法，但是重要的方法是给予或者拒绝，吃掉或者避开各种食物。因此普遍陈述"食物之所以重要，因为这是社会关系的载体"，可能多少涵盖了卡卢利人整体关系的本质和风格。

希弗林的民族志中更宽泛的形态化超越了卡卢利人和著作本身，向其他形态开放。其实"兄弟，我不吃这个！"这一章就履行了一个常规或者较老的民族志里可能称作"亲属关系"的职能。当人类学本身考虑对原始小型社会进行研究时，亲属关系是人类学菜单上的全部内容。直到现在它仍然是显著的因素，就好像说肉食对意大利面条。希弗林没有明确把卡卢利人的关系的形式和风格与其他人的关系相比较，但是他在书中，这里或者其他地方，用来介绍主题的细节很清楚地表明他脑子里有一些与其他形式的可能的、可行的比较。

根据同样的思路，希弗林著作的这一章与其他章节一起考察了整个民族志中另一个大主题，也就是相互性和交换。还是人类学家马塞尔·莫斯坚持把有关《礼物》的事放到人类学家的日程上的。他的基本观察受到广为传播的民族志实例的启发，大概是物质资料不仅仅是商品，而且是——用希弗林的话说——"社会关系的载体"。如果我们只考虑到卡卢利人及其邻居，那么就会有一个特殊的感觉，即不断送礼和收礼，不仅仅是食物还有其他物品，是一个区分巴布亚新几内亚和卡卢利所属的更广阔的美拉尼西亚地区的主题。但是除此之外，把物质对象的用途作为人类社会性的一种惯用语是很普遍的。按照我在本书中提出的术语，人类学家发现这一点并没有什么令人惊讶的，因为人类学以这样或那样的形式，始终关注人类关系形式的多样性。但是我还受益于培育了莫斯思想 70 年的民族志。

当然肯定存在着比较的观点，有些应当是伯罗福斯基把人类学说成是比较学科时指出的。然而直到我现在明确指出为止，这些比较只是一种稀有的挑战。例如，像希弗林所做的那样，把亲属关系作为一种活动领域部分地融合在比如给予和拿走食物这样的另一种活动中是挑战性的。但是它只是在一个很小的范围里，即在整个人类学当中研究亲属关系的专家范围内的挑战。这不是说希弗林的著作不是或者不能被视为对整个北大西洋社会进行挑战的知识。其中大部分可以被看成一种挑战。但是我转向另一种民族志来发掘如何能产生一种更普遍的挑战。

超自然

下面的引文是戈弗雷·林哈德的著作《神灵与经验：丁卡人的宗教》(*Divinity and Experience：The Religion of the Dinka*) 主要部分的开头。丁卡人是苏丹南部的牧羊人。

在他们唯一熟悉的世界里（因为他们很少想象结构不同的"其他世界"），丁卡人声称他们遇到了各种"神灵"，他们通常称之为 *jok*。在讲述过程中，我把它们称为"权威"。这些权威被认为在众生中高于人和世上其他造物，超越限制人类行动的时空范畴起作用；但是权威没被想象创造了一个和丁卡人的世界截然分开的"精神世界"，对丁卡人来说，权威的兴趣在于作为超人的力量参与人类生活并经常对他们发生无论是好的还是坏的影响。权威出现在对事件的理解中，于是丁卡人把世界大致划分成"人的世界"和"权威世界"，部分地把事件分成两种。人与那些与他们一样有人间特性的事物可能与权威的思想形成鲜明对照，这种思想被公认呈现出一种不同的性质。丁卡人的宗教观念和实践在他们共同的家园，唯一的人类经验的世界里决定和调节这两种不同性质的存在之间的关系。

我发现区分"自然"和"超自然"的人或者事件是有用的，以便描写人与权威之间的区别。因为这个区分包含了对丁卡人来说很陌生的关于自然进程或者法则的观念。比如说，当丁卡人把闪电归于特殊的超人的权威时，如果我们以为是指超自然的权威，那就错误地解释了他们的理解，夸大了他们的理解和我们的理解之间的区别。闪电的力量对我们和丁卡人来说都是超人的，尽管我们对事实的解释和他们完全不同。我以后的工作是要显示丁卡人的宗教思想和行动的特征有多少与我们称为"自然"的经验以及他们的特定环境中的人类控制的范围和局限性有关。[5]

比起我上面引用的希弗林的那些段落，林哈德的这些段落完全是关于普遍性的、有着序言式的概述，引出了典型的、以后要延续的民族志学者的节奏（特别是与普遍性的轮换）。

另外，这里摆出的论点与其他人类学家的思想产生共鸣。比如，这里一再排斥泰勒（Talor）所说的宗教是一种"对超自然的存在的信仰"的定义。从涂尔干（Emile Durheim）开始，这个定义本身已经被广泛质疑。他反对人类学家和社会学家描述其他像丁卡人那样的不同的人的想法和实践时用"精神世界"的提法或使用维多利亚时代的新词"超凡脱俗地"的普遍倾向。林哈德风格的一个特点多少隐含着这种共鸣，但是他的观点的真正力量超出了词语本身。他要说的其实是下面的意思：人类学家可能以为这样或那样是普遍的情况，但是对丁卡人来说，完全不同的、相当微妙的情形其实才是普遍的。如果这些想法不适用于丁卡人，那么它们其实就不具普遍性，对其他情况来说可能也不适用。

因此林哈德的民族志与上面讨论过的希弗林的那部分思想一样，在人类学中提出了挑战。但是伯罗福斯基的观念的挑战更为广泛。因为它断言"人类学叙事对在一种文化中显而易见的想法提出疑问，把它们与其他文化中的普遍方式进行比较"。这里，林哈德关于丁卡人的民族志不是对狭义的人类学的挑战，而是对整体北大西洋宗教思想产生了更大的影响。

我们来看看他对自然和超自然区别的分析。这个划分不是人类学家作出的，其用法反映了更广泛的北大西洋的习惯。这种划分至少要上溯到基督教理论和古希腊，特别是亚里士多德关于自然世界的思想的相遇。此外，19世纪迅速发展的自然科学完全没有对这种划分提出异议，反而强化了它，虽然对划分的一个方面即超自然的、精神世界的真实性和重要性提出了疑问。因此，人类学家隐含或明确地使用这种区别不能被视为简单明了的技术术语的应用。相反，我们这里有一些"在一种文化中显而易见"的棘手的思想，在其他文化看来，有待"疑问、比较"。

现在，林哈德的挑战，还有通过他的丁卡人的挑战不是要否定区别的存在。这段话引自题为"世界上的划分"的那章。林哈德通过把"权威"描写成人的对立面来承认这种划分。不，挑战要微妙得多：它证明权威与人同住在同一世界上，"他们共同的家园，唯一的人类经验的世界"。另外，林哈德强调这个"唯一的世界"其实是同样的人类经验的世界，用伯罗福斯基的话来说就是北大西洋人也在其中的"同样的情况"。林哈德以闪电为例生动地说明了这一点，对丁卡人和对我们来说，这就像"超人"。

因此对北大西洋读者的邀请是明确而有力的：通过丁卡人的眼睛来看他们平时生活的世界。据我在北大西洋社会的教学经验，我发现林哈德发现或者传达的思想可能很难被理解。这不是因为这些思想固有的困难，而是因为这些思想从根本上反驳了成见。一种成见在于北大西洋人倾向于把一些与丁卡人的想法相左的细节和演绎强加给他们。林哈德明确地指出权威"出现在对事件的理解中"。这里的关键是丁卡人没有参与精心推测。因此他们不赋予权威那些对人们直接产生作用的属性以外的特性。正如林哈德在这一章稍后指出的：

那么丁卡人的宗教是人与人所遇到的超人的权威之间的关系，是截然分开的世界的两个部分之间的关系。像我们将要看到的，这与其说是神学的，不如说是现象学的，是对超人活动迹象的解释，而不是一个关于这些迹象背后的权威的内在本质的学说。[6]

这里的关键对比是"对迹象的解释"与"关于内在本质的学说"之间的对立。比如说闪电被认为是"神灵对人类事务的直接干预，人们在雷雨中通常安静地、毕恭毕敬地坐着，因为他们就在神灵面前"。[7] 这种行为方式揭示了对正在发生事情的解释，丁卡人感到神灵直接出现了。但是这样的行为方式并不意味着关于神灵的学说。它不要求丁卡人掌握一种关于神灵的实质、地点、大小、颜色、数量、根源或者运动的概念。相反，丁卡人很可能把神灵就看成是完全未知的：总之是超人的。同样，一个普通的基督徒可能认为，或者从前可能以为天使是负责奇异、不可控的事件的，但是基督徒不需要像神学家那样知道天使是怎么在针尖上跳舞的。林哈德这里的要点和我已经阐明的一点是相关的，即在宗教之上加上神学和哲学从本质上不是必要性的，而是特殊历史发展的结果。基督徒有神学家来演绎另一个看不见的世界，但是丁卡人没有。他们"很少有对'其他世界'的想象"。

有些事林哈德是不做的，这证实了他执着于丁卡人宗教中的直接经验。他没有依赖，或者就我所知，甚至完全没有用"信仰"或者"相信"这样的词。原因是这些词具有特殊的概念和教义，特别是基督教的概念和教义。当一个人有信仰时，他信仰的是建议或者陈述，而且即使陈述的事情没有人直接经历过，他也信仰这些陈述。比如说，一个人相信上帝是三位一体的，由三个人组成。一方面这是神学家们精心耕耘和高度发挥的陈述，不是关于自然世界而是关于"超自然"世界的陈述。但是另一方面，它也是一种信仰的行为、信条，是态度鲜明地赞成陈述的真理，而表示赞同这个陈述的特殊做法在基督教仪式中很清晰（不赞成的异教徒付出了很大代价）。在丁卡人当中，正如林哈德明确指出的，没有与这些思想和实践相应的东西。权威在事件中"出现"，和丁卡人的"我们所谓的'自然'的经验"联系在一起。没有一个丁卡人被要求"信仰"这种权威，认为这属于丁卡人的"信仰"是不得要领的。

因此《神灵与经验》是对北大西洋人的成见的一个挑战。挑战确实是明确针对基督教的。林哈德经常通过挑明针对性来揭示读者的意识。但是基本概念，比如说宗教是由"信仰"构成的，则超越了任何基督教团体和实践。这是"宗教"的一个属性，即使是世俗人以及声明自己是无神论者的人也都这么认为。像林哈德所说的，这使人想起"未定义的、然而对所有人来说定义都相当明确的我们自己的观念"。[8] 据我的经验，有些观念对我们这些北大西洋社会的人来说是很难跨越的。甚至很难看到有一个可以替换它们的观念。

因此艰难而探险般地阅读《神灵与经验》不仅仅能对一个人的知识档案会有所收获，还促使人们对思想中其他隐含的和未经质疑的层面提出疑问，提出关于人类共同情境的另一种观点。如果丁卡人没有这样的眼光，如果林哈德没有如此精心学习并解释他们的生活方式，我肯定我们是不能轻易想象出或者梦想出这样的眼光的。通过这本书，我提到了侯世达的"滑移能力"的概念，这种能力使我们能够想象什么能取代直接呈现给我们的东西。林哈德的著作显示了被认为建立在档案性的知识之上并超越档案性知识的民族志如何能扩展这种滑移能力。这种知识形式能够拓展我们的想象力，使我们有更充分的思想准备在典型的人类情境中接受关于人类特性的新的、更有潜在力量的概念。

一个乱七八糟的甜点盒子

我把这本书的大部分内容用于这样一个论点上：人类学必须超越文化诠释的概念，培养一种更有历史性的风格和对人类生活变异更敏锐的意识。然而我采取了一个保守的——也许更确切地说是更有所保留的——在很大程度上是诠释文化的民族志观点。林哈德和希弗林的民族志很清楚地说明我这么做是有道理的。因为他们为人类学的比较和诠释的概念带来了新面貌。然而我要强调的是重新组合，即把分解的特殊的生活方式放回其真正的历史和更宽广的社会背景中的行为，更增添价值，甚至为如此出色的分解的叙述增添价值。为了阐明这最后一点，我转向另一种民族志，朱丽叶·杜·鲍雷（Juliet du Bouley）的《一个希腊山村的肖像》(*Portrait of a Greek Mountain Village*)。

从表面上看，杜·鲍雷的民族志不适合重新组合的模式，而适合分解和文化诠释的模式。它几乎竭尽全力使我们通过阅读理解不能马上理解或者不能轻易理解的生活方式。在这方面，它正符合林哈德和希弗林的传统。然而从一开始，杜·鲍雷就采用了一种稍微不同的思路。她是这样开始的：

本书研究的是一个如今正在变得常见的现象，一个正在消失的村子的社会。然而，由于研究主要关注的是长期的传统产生的价值观和态度，而即使在目前的时代，这些价值观和态度仍然在目的和命运的意义上支撑着村民，研究更关注的是生命而不是死亡。[9]

从严格的历史学家的重新组合观点来看，杜·鲍雷提出的和她在全书中一直应用的"漫长的传统"可能被认为太夸张了。也许可以表明，传统比杜·鲍雷所说的要更具变动性，不是那么一成不变的。但是另一方面，杜·鲍雷更加关心现在居民生活记忆的变化范围，这也是有道理的。她确实揭示出较小也更直接的范围内的敏感的可变性。比如，她观察到，从1968年她离开山村到1970年她第二次来访问，其间有五所房子被弃置了，大都是因为向外移民的结果。移民们离开土地去往城市或国外找工作。在这方面，他们处于一个更广阔的进程中，不是沃尔夫详细记述的进程，而更是那些进程之外的当今的发展。在这个变化的范围内的"传统"和就此而言的"现代"的意思很清楚，符合希腊村民们自己的态度。

我从杜·鲍雷对安贝利（Ambéli）村的团体意识的解释开始。我从中间开始，她把安贝利的团体意识与其他相应的意识进行对比。她描写了"团体中的**我们**倾向于外面世界的**他们**"的时刻以及使人切身感受到的变化的进程。

在这样的事件中，整个团体只要还生活在原来的地方、依附于同样的价值观，村民们就很团结……但是只要团体和传统以及固有的……生活方式的认同开始受到怀疑，现代世界的生活方式就开始转移团体的忠诚，团体就开始失去对自己的信心。这是安贝利村民们现在所处的情形。但是，这个阶段在不那么偏远的村庄更整体化。在那里，每个村子都发生了价值观的深度分裂。那些村子里马上就可以看到不同阶层的受尊敬程度——这个词在这一语境中与现代性相吻合——比如说老太太们穿衣服的方式都差不多，认为这样穿衣服体现了特定的价值观，然而青年妇女们讲话更文雅，穿着无袖衫，会对我说，"你别把落伍的老太太们当真"。

安贝利没有这种情形。那里尽管人口大大减少，村子里的文化相对来说仍是同质的。村民们向往较舒适的生活、城市的魅力并希望孩子受好的教育。他们的雄心因此集中在外部世界。在这方面，他们没能把他们的传统价值观解释成可接受的20世纪的物质——他们可能听到人家说他们落伍了，像动物一样生活。然而，他们自尊的核心尽管被动摇，但并没有受到致命的伤害。[10]

现在我暂停一下来说明杜·鲍雷是如何——如何成功地——在这里表现了民族志解释的特点。首先她涉及的是人类学也是社会学中一个较大的比较的主题，即团体的特性。第二，她给我们提供了关于安贝利人的普遍陈述，他们的文化"仍是同质的"。在上面的引文中，她以特殊微妙的方式，通过把安贝利村和更接近大都市的邻村进行比较展示了这一点。第三，她提供了浓缩但很生动的简介，马上使之具有普遍性和特殊性——"青年妇女们讲话更文雅，穿着无袖衫，会对我说，'你别把落伍的老太太们当真'。"从这里人们可以看到——要记住杜·鲍雷没有义务对她遇到的人忠诚——民族志的敏锐和另一种新的敏锐结合在一起。

她继续证实村民们仍保留的强烈、内在的团体意识。

> 所有这些不是说没有可以吸引人的、次要的或者其他的行为准则……但这是为了强调这种团体的精神团结，那里还残存着对团体自己的传统价值体系核心的信任……一个讲话或者行动的人这样做不是作为单独的个人，而是作为整个团体的一员。为了说明这一点，我来讲一件事。一位年轻妇女在为命名日准备土耳其软糖（在英国被称为土耳其美味的甜点）。她把整个盒子放在托盘上。这是一个乱七八糟的盒子，破纸片挂在外面，我说我想她应该拿出几块软糖放在盘子上。
>
> "不是的，"她说，"不应该这么做。"
>
> "我不同意。"我说。
>
> "不是你不同意，是你不懂。"她最终答道。[11]

我想，尽管她们在谈家庭琐事，这些话和任何民族志学者摆在纸上的话一样有效。接下来杜·鲍雷能说什么呢？谁还能说什么呢？这种情形下妇女们反唇相讥是最有力的文化诠释。但是比这还有更多的意义，因为它在说服人面向一个重新组合的理解开放，向一个在更广泛的社会、互动和变异的环境中相遇的意义开放。

首先，遇见"年轻妇女"正体现了我曾强调的参与性学习和创造性相互作用的意义是民族志的特征。但是这个特点还有其他方面，因为相遇实际上也是每个人如何了解周围正在发生的一切的很好的实例。换句话说，它含有一个比较性的暗示，就像卡卢利人给希弗林一块西米的例子一样是一种暗示。它显示了"同样情况下的不同眼光和观点"，这是一个学习一种审美标准的情形。每个能回想起童年的经验、回想起学习正确的做事方法的人都能理会这个例子。实际上，相遇是一种突如其来的经历。我们必须假设，年轻妇女的亲属移居到比如说是英国或德国时可能有过这种经历。这体现了事情发生在不同人群之间而不是同一个群体当中时典型的惊奇和创造性。

但是，最终事件和杜·鲍雷的解释很令人伤心，因为它反映了拉蒙式痛苦的另一个版本。你们可能记得，拉蒙是给本尼迪克特提供信息的人，是一位首领，"一个基督徒，带领他的人在灌溉过的土地上种植桃子和杏子"。他对改变他的世界起了积极的作用。另一方面，年轻妇女在变化和变异的过程中起了不同的作用。她至少在一段时间内，代表了抵抗变化的声音。就好像人类学家在一段时间内插入了一场谈话：在本尼迪克特的例子里，她面对的是变化的声音，在杜·鲍雷的例子里，她面对的是抵制变化的声音。

但是更仔细来看，任何一个例子都不符合简单的二分法。据我所知，拉蒙对以后的事件没有起到个人的影响。但是他既代表了适应也代表了怀旧，这种结合加上气愤和对不公的感受，对美国的社会生活起了明显有效的干预，这就是美国印第安人运动。本尼迪克特自己预言——拉蒙的过去可能在一个崭新的现代灭绝——并没有实现。真正发生的是一种变异，其中有过去的因素，但是在组合中产生了一场真正的革新。这场革新不是一个人进行的，而是人们共同努力进行的，他们有时相互对立，有时合作。

这有助于我们更清楚地看待年轻妇女。乡村的希腊也处于变化的阵痛中，无论如何，变化是人类生活的一个稳定而持久的因素。杜·鲍雷深切意识到变异，在她的写作中，妇女在这些大规模的事件中占了决定性的地位。妇女暂时有稳固的传统知识做后盾，可能下意识地顶撞了杜·鲍雷。但是她陷入了杜·鲍雷的更大的悲剧中，至少故事的结尾是不愉快的。在这里，杜·鲍雷和本尼迪克特的立场是一样的，等待着一种灭绝，一种她认为可悲但不可避免的结局。然而，就像拉蒙的例子和本尼迪克特让我们看的，年轻妇女的声音和观念不会完全消失，而会在新的环境下变形，具有新的意义。就像保罗·桑特·卡斯亚（Paul Sant Cassia）为我指出的，希腊内部的民族主义和国外的种族意识在很大程度上是建立在对这种乡村的希腊的怀恋之上的，乡村的希腊因此没有消失，而是经过了变革。

开　端

年轻妇女也代表了另一层意义上变革的声音。她最终肯定改变了杜·鲍雷的理解，就像那些把拉蒙引入商业化农业世界中去的无名者肯定改变了拉蒙的理解一样。通过杜·鲍雷和剧增的出版物的相互作用，她也能改变其他人的理解。

因此人类学的工作至少可以引起变化，加深人们的相互理解。这是田野工作和写作的一个明确的用途。但是我们应当怎样权衡这一切？我们通常认为一些转变——移民学习新的习惯，被殖民者学习商业化农业，等等——是历史的实质内容。它们是创造了我们世界的重要转变。其他转变，如林哈德或者希弗林研究的微妙的转变，或者妇女对杜·鲍雷起的作用，我们以为是无形的、非实质性的或者没有作用的。它们似乎只是移情的转变，改变了一个人对另一个人的审美标准和状况的理解。它们总的来说似乎是微不足道的。难道值得为它们烦恼吗？

我带着这个问题到达人类学导言的尾声。这可以说是人类学本身——人类学的工作而不是对人类学的工作的思考——真正开始的门槛。我将做出两个简短的回答，如果你最近才接触人类学，我希望你继续做出自己的回答。

第一个回答简单而直截了当。是的，人类学值得让人纠结，它已经开始影响实际事物的领域。政府和国际机构在这里或那里开始发现人类学家所创造的熟谙社会生活的公共政策令接受者受益匪浅。这种形式的民族志，一般称为实用人类学，所取得的成果就是为它自己辩护的现成论据。它行之有效而且确实有所作为。然而这种民族志的工作还需要再介绍，因为那些掌权的人没有意识到他们多需要人类学知识的挑战。

第二个回答比较带有普遍性并且也更加不确定。我在这本书里描绘了人们不可避免地与其他人一起卷入不断变异的世界的图景。这个世界中有一些人们习惯用于指导他们的关系和机构的标志、审美标准和记忆中的传统。我还强调过人们具有创造性和社会智能，使得他们可以运用这些源泉来再创造他们的文化。在此意义上我的图景可能是积极的。但是这个世界的变化不只是我们的相互需要所引起的，也是我们狭隘的自身利益的建构、控制、破坏以及时而有意，时而无意的误导所带来的。这一切似乎经常支配人类事务，排斥任何善意的关于对话的建议。

因此我想，仍然存在着对人类学适当的信任。比如我们可以希望民族志的思维习惯以及使我们自己对他人的观点和经验开放的微妙技巧至少能部分地改变一个社会的氛围。从这点来看，我们要把人类学当成普遍教育所需要的部分，是人们要成功地生活的不可少的知识。民族志知识对这样一个世界——人们在这个世界中每天都离不开与其他有着不同审美标准和不同利益的人之间的关系——来说是必要的。人类学会对人们提出挑战，鼓励他们在处理这些关系时看到新的可能性。人类学会有所作为，因为关系制造了区别。

我不能绝对肯定这个答案，我不得不把它留给你们。只有在思考时，只有在看到思考时世界是什么样的，这个问题才可能有答案。

注释

（引用文献详细信息请见参考书目）

第一章 问题

1. Godelier，*The Mental and the Material*，1.

2. Harrison，'Letters'.

3. Bullock，'Socializing the Theory of Intellectual Development'，187.

第二章 大弧

1. Benedict，*Patterns of Culture*，15.

2. 同上，16.

3. 同上，15.

4. 同上，16.

5. Mead，quoted in Fox，*Lions of the Punjab*，192.

6. Benedict，*Patterns of Culture*，17.

7. Radcliffe-Brown，quoted in Kuper，*Anthropology and Anthropologists*，53.

8. Radcliffe-Brown，'Preface'，p. xii.

9. Benedict，*Patterns of Culture*，16.

10. Radcliffe-Brown，'Preface'，p. xi.

11. Benedict，*Patterns of Culture*，12.

12. Turnbull，*The Mbuti Pygmies*，5.

13. Wolf，*Europe and the People without History*，pp. ix-x.

14. 同上，4.

15 Benedict，*Patterns of Culture*，12.

16. Wolf，*Europe and the People without History*，4.

17 同上，76.

18. 同上，6.

19. 同上，5.

20. 同上，3.

21. 同上，387.

22. Lesser, quoted in Wolf, *Europe and the People without History*, 19.

23. Wolf, *Europe and the People without History*, 386.

24. Carrithers, 'Jainism and Buddhism as Enduring Historical Streams', 161.

25. Peel, 'History, Culture, and the Comparative Method: A West African Puzzle', 108—9.

26. Godelier, *The Mental and the Material*, 1.

27. Hannerz, quoted in Clifford, *The Predicament of Culture*, 17.

第三章 开始创造历史

(这一章的参考文献全目录见 Carrithers, 'Why Humans Have Culture', published in *Man* NS, 25: 189—206)

1. Obeyesekere, *The Work of Culture*, 92.

2. Geertz, *The Interpretation of Cultures*, 73.

3. Mauss, *Sociology and Psychology*, 9.

4 White, quoted in Sahlins, *Culture and Practical Reason*, 105.

5. Wilson, *Sociobiology: The New Synthesis*, 16—18.

6. Sober, *The Nature of Selection*.

7. Humphrey, 'The Social Function of Intellect', 309.

8. 同上，310.

9. Wynn, 'Tools and the Evolution of Human Intelligence'.

10. Dennett, *The Intentional Stance*.

11. Levinson, 'Interactional Biases in Human Thinking'.

12. Byrne and Whiten (eds.), *Machiavellian Intelligence*, 9.

13. Axelrod, *The Evolution of Cooperation*.

14. Godelier, *The Mental and the Material*, 1.

15. Landau, *Narratives of Human Evolution*.

16. Tobias, quoted in Landau, *Narratives of Human Evolution*, 164—5.

17. Wilberforce, quoted in Rachels, *Created from Animals*.

18. Tobias, quoted in Landau, *Narratives of Human Evolution*, 166.

19. Darwin, quoted in Rachels, *Created from Animals*, 1.

20. Rachels, *Created from Animals*.

第四章 解剖社会性

1. Trevarthen and Logotheti, 'Child in Society, and Society in Children', 167.

2. Bruner, *Child's Talk*, 26.

3. Vygotsky, quoted in Butterworth and Grover, 'The Origins of Referential Communication in Human Infancy', 9.

4. Trevarthen and Logotheti, 'Child in Society, and Society in Children', 166—7.

5. Dennett, *The Intentional Stance*.

6. Whiten (ed.), *Natural Theories of Mind*.

7. Byrne and Whiten (eds.), *Machiavellian Intelligence*.

8. Grice, 'Utterers Meaning and Intention'; Bennett, *Linguistic Behaviour*.

9. Strecker, *The Social Practice of Symbolization*, 73—4.

10. Brown and Levinson, *Politeness: Some Universals in Language Usage*.

11. Premack, 'Pedagogy and Aesthetics as Sources of Culture', 18.

12. Maynard Smith, 'Game Theory and the Evolution of Cooperation', 452.

13. Rosaldo, *Knowledge and Passion*, 27.

14 Shieffelin, *The Sorrow of the Lonely*, 2.

15. Scribner, 'Thinking in Action: Some Characteristics of Practical Thought', 28.

16. Rosaldo, 'Toward an Anthropology of Self and Feeling', 140.

17. Bakhtin, quoted in Holquist, *Dialogism*, 62—3.

18. Hofstadter, *Metamagical Themas*, 238.

19. Bruner, *Child's Talk*, 18—19.

20. Tomasello, 'The Social Bases of Language Acquisition', 83.

21. Austin, *How to Do Things with Words*; Searle, *Speech Acts*.

第五章　阅读心智与阅读生活

1. Bruner, *Actual Minds, Possible Worlds*, 14.

2. Astington, 'Narrative and the Child's Theory of Mind'.

3. Trevarthen and Logotheti, 'Child in Society, and Society in Children', 173.

4. Schutz, *Reflections on the Problem of Relevance*.

5. Bruner, *Actual Minds, Possible Worlds*, 13.

6. Latimore and Grene (eds.), *Sophocles I*.

第六章　公牛与圣人

1. Dumont, *Homo Hierarchicus*.

2. Gergen and Gergen, 'The Social Construction of Narrative Accounts'.

3. Shaha, *Śrī 108 Siddhasāgar Muni Mahārāj*, 1.

4. Haviland, quoted in Keesing, 'Models, "Folk" or "Cultural"：Paradigms Regained ?', 382.

5. Appadurai, 'Gastro-politics in Hindu South Asia'.

6. Hutchins, *Culture and Inference: A Trobriand Case Study*.

7. Fernandez, *Persuasions and Performances*.

第七章　变异

1. Gellner, *Spectacles and Predicaments*, 41.

2. Wolf, *Europe and the People without History*, 76.

3. 关于这个论点详见我的著作 *The Buddha*.

4. Rhys-Davids, *Dialogues of the Buddha*, 105—6.

5. 同上，107.

6. Norman, *Pali Literature.*

7. *Dīgha Nikāya III.* 81.

8. 同上。

9. Tannen, *Talking Voices.*

10. *Dīgha Nikāya III.* 83—4.

11. 同上，84.

12. Rhys-Davids, *Dialogues of the Buddha* III. 82.

13. Gombrich, 'The Buddha's Allusions to Vedic Literature'.

14. *Dīgha Nikāya III.* 86.

15. 同上，92—3.

16. Collins, 'Notes on the Word *mahāsammata* and the Idea of a Social Contract in Buddhism'.

17. Rhys-Davids and Carpenter（eds.），*Dīgha Nikāya II.* 73—6.

18. *Dīgha Nikāya III.* 94.

19. *Lingat, quoted in Tambiah*, 'King Mahāsammata', 116.

20. Tambiah, 'King Mahāsammata'. 119.

第八章 怪物、科学

1. Stocking（ed.），*Observers Observed*, 7.

2. Geertz, *Works and Lives*, 4.

3. 同上，140.

4. Evans-Pritchard, *Nuer Religion*, 222.

5. Sperber, *On Anthropological Knowledge*, 14—15.

6. See Polanyi, *Personal Knowledge*; Ziman, *Reliable Knowledge;* and Hacking, *Representing and Intervening.*

7. Hacking, *Representing and Intervening*, 131.

8. 同上, 144.

9. Ziman, *Reliable Knowledge*, 125—6.

10. Roth, 'Ethnography without Tears'. 561.

11. Ziman, *Reliable Knowledge*, 43.

12. 同上, 43—4.

13. 同上, 44.

14. 同上, 44—5.

15. 同上, 45.

16. Firth, 'Degrees of Intelligibility', 39.

17. Rosaldo, *Knowledge and Passion*. 27.

18. Obeyesekere, *The Work of Culture*.

19. Lewis, *Day of Shining Red*, 50.

20. Lienhardt, *Divinity and Experience*, 233.

21. Firth, 'Degrees of Intelligibility', 40.

第九章　一个乱七八糟的甜点盒子

I. Borofsky, *Making History*, 154.

2. Schieffelin, *The Sorrow of the Lonely*, 47.

3. 同上, 47—8.

4. 同上, 48.

5. Lienhardt, *Divinity and Experience*, 29.

6. 同上, 32.

7. 同上, 54.

8. 同上, 30.

9. du Boulay, *Portrait of a Greek Mountain Village*, 3.

10. 同上, 48—9.

11. 同上, 49—50.

图书在版编目（CIP）数据

人类为什么有文化：论人类学与社会多样性/（英）
迈克尔·卡里瑟斯著；晨枫译 . —上海：文汇出版社，
2023.8
ISBN 978-7-5496-3333-3

Ⅰ. ①人⋯　Ⅱ. ①迈⋯　②晨⋯　Ⅲ. ①社会学–文化
人类学　Ⅳ. ① C912.4

中国国家版本馆 CIP 数据核字（2023）第 116989 号

WHY HUMANS HAVE CULTURES: EXPLAINING ANTHROPOLOGY AND SOCIAL DIVERSITY
© Michael Carrithers was originally published in English in 1992. This translation is published by arran
gement with Oxford University Press. Shanghai Wenhui Publishing Co., Ltd. is solely responsible for
this translation from the original work and Oxford University Press shall have no liability for any errors,
omissions or inaccuracies or ambiguities in such translation or for any losses caused by reliance thereon.

图字 09-2022-0804 号

人类为什么有文化：论人类学与社会多样性

著　者　（英）迈克尔·卡里瑟斯
译　者　晨　枫
责任编辑　徐曙蕾
装帧设计　一亩幻想

出版发行　📖文匯出版社
　　　　　上海市威海路755号
　　　　　（邮政编码200041）

照排　南京理工出版信息技术有限公司
印刷装订　上海新文印刷厂有限公司
版次　2023年8月第1版
印次　2023年8月第1次印刷
开本　890×1240　1/32
字数　157千
印张　7.75

ISBN 978-7-5496-3333-3
定价　58.00元